艺术体育
高校学术研究论著丛刊

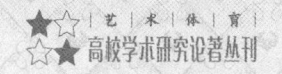

幼儿MLS循环体能游戏课程

周文龙 马 晓 著

中国书籍出版社
China Book Press

图书在版编目（CIP）数据

幼儿 MLS 循环体能游戏课程 / 周文龙，马晓著 . -- 北京：中国书籍出版社，2022.8
ISBN 978-7-5068-9153-0

Ⅰ. ①幼… Ⅱ. ①周… ②马… Ⅲ. ①体育游戏 – 教学设计 – 学前教育 Ⅳ. ① G613.7

中国版本图书馆 CIP 数据核字（2022）第 157284 号

幼儿 MLS 循环体能游戏课程

周文龙　马　晓　著

丛书策划	谭　鹏　武　斌
责任编辑	成晓春
责任印制	孙马飞　马　芝
封面设计	东方美迪
出版发行	中国书籍出版社
地　　址	北京市丰台区三路居路 97 号（邮编：100073）
电　　话	（010）52257143（总编室）　（010）52257140（发行部）
电子邮箱	eo@chinabp.com.cn
经　　销	全国新华书店
印　　厂	三河市德贤弘印务有限公司
开　　本	710 毫米 ×1000 毫米　1/16
字　　数	242 千字
印　　张	15.25
版　　次	2023 年 3 月第 1 版
印　　次	2023 年 3 月第 1 次印刷
书　　号	ISBN 978-7-5068-9153-0
定　　价	86.00 元

版权所有　翻印必究

目 录

第一章 幼儿 MLS 循环体能游戏课程的提出 … 1
第一节 MLS 概念的提出 … 1
第二节 MLS 课程介绍 … 2
第三节 MLS 课程体系的设计 … 3

第二章 幼儿体育基本内容 … 8
第一节 幼儿体育活动理念 … 8
第二节 幼儿体育教学模式 … 10
第三节 幼儿体质健康发展状况 … 13

第三章 幼儿体育课程教学研究现状 … 21
第一节 幼儿体育师资情况 … 21
第二节 幼儿体育课程教学方法与手段 … 22
第三节 幼儿体育课程环境情况 … 24
第四节 幼儿体育装备与器材情况 … 25

第四章 MLS 循环体能游戏课程的实施 … 27
第一节 幼儿园 MLS 课程实施路径 … 27
第二节 师范类高校 MLS 课程的实施路径 … 51
第三节 幼儿体育培训机构 MLS 课程的实施路径 … 66

第五章 幼儿 MLS 循环体能游戏教学案例 … 69
第一节 小班课程案例 … 69
第二节 中班课程案例 … 108
第三节 大班课程案例 … 148

第六章 幼儿 MLS 课程的思考与展望 … 193
第一节 MLS 循环体育教学模式的形成与发展 … 193

第二节　关于 MLS 循环体育教学模式的思考 …………… 194
第三节　幼儿 MLS 循环体育教学模式的展望 …………… 197
附件 1：国民体质测定标准手册（幼儿部分）……………………… 200
附件 2：TGMD-3 幼儿粗大动作发展测试……………………… 221
参考文献……………………………………………………… 230

第一章 幼儿MLS循环体能游戏课程的提出

第一节 MLS概念的提出

在教学过程中,优质的教学课程体系应该具有目的性、操作性、稳定性和灵活性的特点,对教学的设计、过程和效果具有一定的促进作用。

基本运动技能是有特定模式的常用基本动作活动,它既是一般的运动技能,也是高级专项运动活动的基础。其依据运动的功能可以分为三个领域;(1)操作技能领域(Manipulation),即身体通过控制某种器械进行运动的能力,包含的动作主要有投、拍、接、踢、击打等;(2)移动技能领域(Locomotion),即身体从一个地方移动到另一个地方的能力,包含的动作主要有跑、跳、滑步等;(3)稳定技能领域(Stability),即为维持平衡对身体进行控制的能力,包含的动作主要有滚翻、旋转、扭动、屈伸等。循环训练法是根据训练的具体任务,建立若干练习站或练习点,运动员按规定顺序、路线,依次循环完成每站所规定的练习内容和要求的训练方法,其趣味性和技巧性较高。

我们将教学模式、基本运动技能和循环训练法作为理论基础,以发展基本运动技能为主要目标,把操作技能领域(Manipulation)、移动技能领域(Locomotion)、稳定技能领域(Stability)作为三个练习点,在教师指导下,幼儿按规定的分组、各领域教学内容和循环路线,完成各项练习任务的教学模式定义为幼儿 MLS 循环体育教学模式[①]。在这个模式下开展的幼儿体育教学活动称为幼儿 MLS 循环体育游戏课程或体能游戏课程(以下简称 MLS 课程)。

第二节　MLS 课程介绍

　　学前幼儿的神经发育旺盛,身体机能的提高迅速,大肌肉群发展先于小肌肉群,但这个年龄段幼儿对于新鲜事物具有探索性,也非常喜欢模仿,愿意参加趣味性游戏。针对这些特点,本课程通过对目标、结构和内容的科学设计,以游戏的形式进行体能练习,并最终又归到基本动作技能的学习上来。它不仅能够发展动作技能、体能,还能在游戏中学习健康的生活习惯,提升对运动的兴趣,形成一定的体育品德。

　　根据 3—6 岁幼儿身心发展规律,按照 MLS 循环体育教学模式,本课程共分为小班、中班、大班三个阶段,每个阶段 20 节课,共 60 课时。其中,每一节课又包含了"游戏目标""游戏准备""动一动""学一学""想一想""注意事项""家园链接"七部分。"游戏目标"主要将幼儿体育核心素养按照不同年龄段进行详细划分,包含了运动技能的掌握、健康行为的形成以及体育品德培养;"游戏准备"主要介绍本次课所需要的器材、物料以及课堂环境创设等;"动一动"即准备活动部分,以不同的热身游戏进行导入;"学一学"为本次课的重点内容,按照移动领域、操作领域、稳定领域进行游戏活动划分,按照循环模式进行分组教学和练习;通过"想一想"部分,回顾课程过程以及生活中相联系的点滴;"注意事项"主要是对教师在教学过程中起到警示作用,避免安全、错误引导等的出现;"家园链接"突出家庭和幼儿园的协调配合机制,通过此部分带动亲子体育活动开展以及学习内容的回顾,起到巩固和提升的作用。

---

① 马晓,周文龙,孔德志,陈翀.3—6 岁幼儿 MLS 循环体育教学模式的构建研究[J].山东体育科技,2022,44(02):68-74.

第三节　MLS课程体系的设计

一、幼儿MLS循环体育的目标

幼儿体育教学目标是通过一系列合理的身体活动，使幼儿身心健康水平得到应有的发展，它是一线教师组织教学活动的出发和落脚点。教育部《3—6岁儿童学习与发展指南》（下称《指南》）明确指出，幼儿阶段健康领域的主要目标就是促进身心健康、动作发展以及具有良好的生活习惯和生活能力。幼儿MLS循环体育教学目标的设计依据《指南》的要求，以遵循各年龄段幼儿身心发育和运动能力发展特点，教学可持续性、游戏化、易操作，运动生活化为原则，践行"全人"教育目标，将目标体系系统化、科学化，做到兼顾幼儿的动作发展和体质健康，并将认知、情感及社会发展性内容融入整个教学过程中，真正实现教育目标的综合化。

幼儿MLS循环体育教学目标主要包括：（1）将基本运动技能三个领域进行清晰划分，让幼儿了解和掌握每个领域所含的内容，学会使用身体的每个动作完成体育锻炼，促进基本运动技能的可持续发展，同时伴随着每项身体素质的提升；（2）教师通过游戏化引导，让幼儿体验每个领域练习过程中成功完成任务的快乐，激发参与体育活动的兴趣；（3）随着动作难度和循环方式的变化，使幼儿学会挑战和自我保护，形成勇于克服困难的坚强意志；（4）通过领域间练习的过渡和变化过程中同伴间的相互配合，建立规则和角色意识。其目标体系框架如图1-1。

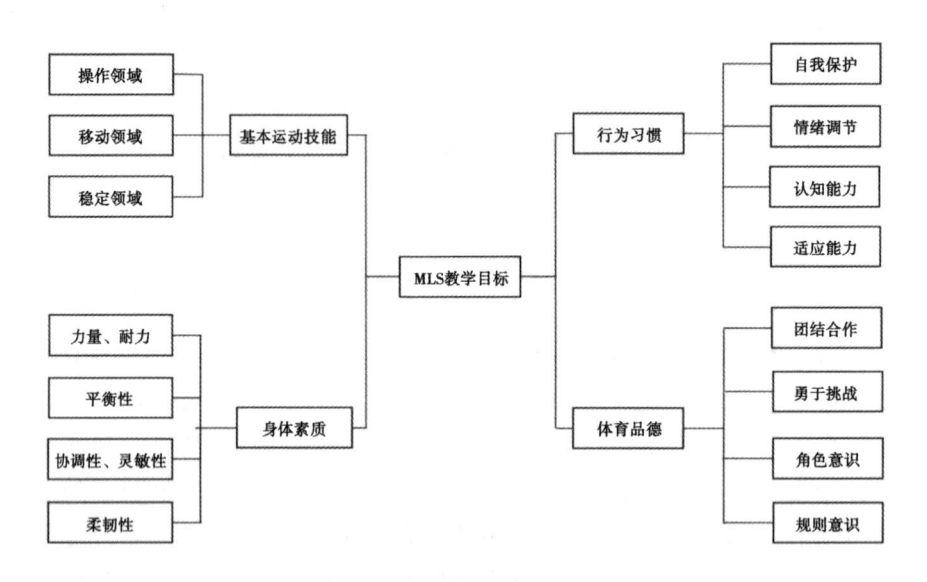

图 1-1 幼儿 MLS 循环体育教学模式的目标体系

二、幼儿 MLS 循环体育的内容构成

幼儿 MLS 循环体育教学内容是依据教学目标,把适合发展幼儿基本运动技能、提升身体素质、培养体育品德和促进良好行为习惯养成的内容,经过序列、整合和分类成为各领域教学资源,并且能够持续满足教学需求。这里,我们将 3—6 岁幼儿划分为 3—4 岁、4—5 岁、5—6 岁三个阶段,在掌握各阶段动作发展序列和生长发育规律的基础上,保证所选的各阶段各领域内容适度,具有连续性,有助于向更高阶段学习的过渡。

本课程确定了不同年龄段幼儿 MLS 循环体育教学内容,包含了操作技能领域(Manipulation)内容、移动技能领域(Locomotion)内容、稳定技能领域(Stability)内容。其中有些活动名称虽然相同,但是根据不同年龄段分组,完成练习的难度、时间、频率等要求不同,具体的会在课程内容中予以体现。具体内容见表 1-1。

第一章 幼儿 MLS 循环体能游戏课程的提出

表 1-1 3—6 岁幼儿 MLS 循环体育教学内容

名称	年龄	教学内容
操作领域（M）	3—4 岁	膝下网球传递；投掷泡沫棒；滚动训练；双手拍篮环；投掷网球；单脚蹲球；网球自抛；双手推球击目标；接反弹球；踢原地球
操作领域（M）	4—5 岁	单手投网球；网球抛准进筐；两人推接球；扔接泡沫棒；足球射门；单手拍篮球；足球射门；软式标枪；篮球击地传接球；接住落下的排球；8 字滚背后
操作领域（M）	5—6 岁	互抛沙包；沙包打靶；自抛自接球；双手交替拍篮球；可爱兔子；投壶游戏；足球传接；小火车 S；抓脚踝前行；变速单脚双脚转换；扔飞碟
移动领域（L）	3—4 岁	不同姿态的爬爬动作；翻越障碍；跨栏跑；S 型跨栏跑；小螃蟹侧向前进；翻越跳马；小火车 S 型跑；变向跑；抓脚踝前行；沿线背后走；8 字滚背后
移动领域（L）	4—5 岁	后退跑；小小蹦床；跳绳；跨栏跑；双脚跳过敏捷梯；跳房子；飞跃跳箱；软式平衡；躲避老师抛来的沙包；S 型跨越障碍跑；抓脚尖前行
移动领域（L）	5—6 岁	单脚跳跃返进出训练；钻山洞；交替垫步跑；双臂支撑搭拱桥；单脚跳向前进；走返横向移动跳；飞跃跳箱；蹦床连续跳；软式平衡；S 型跨越障碍跑；跳房子
稳定领域（S）	3—4 岁	单杠悬垂；单杠悬垂摆腿；"倒手" 俯撑；模仿大雁飞；走平衡木；躲避沙包；体前屈；躲避老师抛来的沙包；蹦床双脚开合跳；走平衡木；躺下一坐起
稳定领域（S）	4—5 岁	陀螺转；V 字型均衡；前滚翻；单脚站立模仿大雁飞；仰卧踢腿；躲避摆摆腿；体前屈；前合开跳；前滚翻；V 字型均衡
稳定领域（S）	5—6 岁	两人两足站立；S 型走平衡；原地 360 度转体；单脚站立模仿大雁飞；仰卧踢腿；身体跳转；躲避抛来的网球；前滚翻；走平衡木

三、幼儿 MLS 循环体育的组织形式

幼儿 MLS 循环体育的组织形式以教师为主导,学生为主体,包含了准备、教学、总结三个阶段。

在准备阶段,教师要对学情进行分析,包括教学对象年龄、人数、身体状态、上课环境和器材等,同时确定每堂课具体教学目标,选择和组合三个领域教学内容。幼儿在教师引导下观察学习环境、认知教具。

在教学阶段,教师将幼儿平均分为三组并分配到三个领域中,对每个领域内容进行示范后,指导幼儿进行领域内和领域间循环练习。练习总时长一般为 30 分钟,期间教师要做好监督和安全保护。每组幼儿根据教师口令和游戏化引导进行 5—10 分钟领域内循环练习,然后转换到下一个领域,三次转换后完成一个领域间循环练习。

在结束阶段,教师要结合幼儿学习情况进行知识和技能拓展,并对幼儿练习情况和身体状况进行总结评价。幼儿在教师引导下做好回顾与放松。其具体组织形式见图 1-2。

第一章 幼儿 MLS 循环体能游戏课程的提出

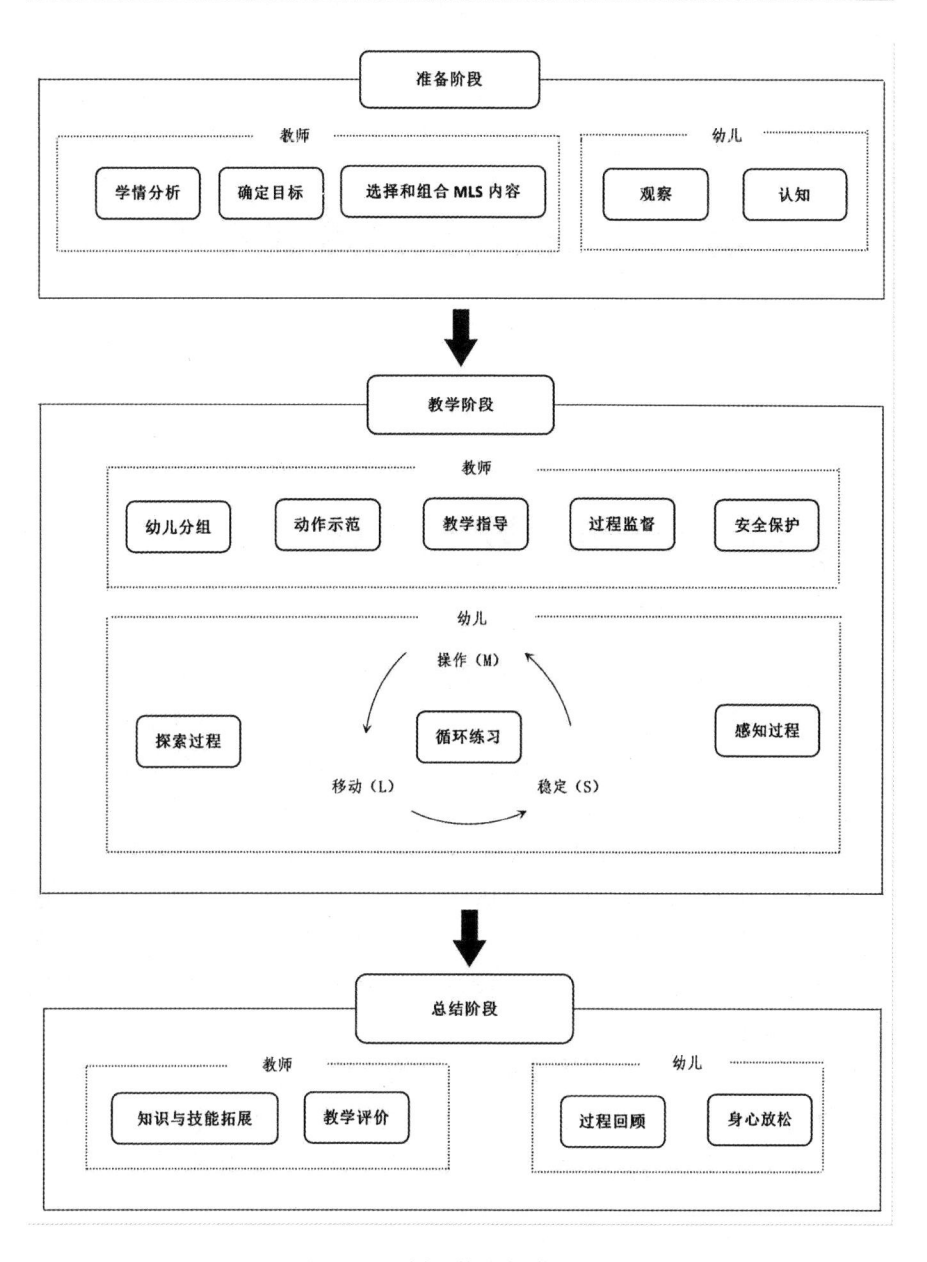

准备阶段

教师：学情分析 | 确定目标 | 选择和组合 MLS 内容

幼儿：观察 | 认知

教学阶段

教师：幼儿分组 | 动作示范 | 教学指导 | 过程监督 | 安全保护

幼儿：探索过程 | 循环练习（操作(M)、移动(L)、稳定(S)）| 感知过程

总结阶段

教师：知识与技能拓展 | 教学评价

幼儿：过程回顾 | 身心放松

图 1-2 幼儿 MLS 循环体育教学模式的组织形式

· 7 ·

第二章 幼儿体育基本内容

第一节 幼儿体育活动理念

"理念,是指其对象不能在任何经验中表现出来的那些必然的概念来说的。"[1]《辞海》中的解释为:"理念,旧哲学名词。柏拉图哲学中的'观念'通常译为理念。"[2] 国内有学者认为,"理念是观念,是思想,但又不同于一般的观念和思想,它更多地表现为那种'纯粹理性概念'之观念和思想,所以更具有理性色彩,因而更加深刻。"[3] 针对体育活动理念,韩冬认为,体育理念是指人们对体育活动及其现象的理性认识和理想追求及其所形成的思想观念体系。[4] 而在一定体育活动理念下开展的体育教学活动必然会带有此理念的外化形式和印记,因此诸多学者也有各自的见解。

郝晓岑等研究认为,"幼儿体育"是幼儿教育的一部分,"幼儿体育"就是通过对3—6岁幼儿身体的养育和教育,塑造幼儿体育精神,让幼儿从小学会至少一门赖以终身体育锻炼的体育项目或技能,从而促进幼

---

[1] 北京大学哲学系外国哲学史教研室.西方哲学原著选读(下卷)[M].北京:商务印书馆,1982:300.
[2] 辞海编委会.辞海(缩印本)[M].上海:上海辞书出版社,1979.1213.
[3] 卢晓中.当代世界高等教育理念及对中国的影响[M].上海:上海教育出版社,2001:13.
[4] 韩冬."体育理念"之辨析[J].山东体育学院学报,2005(05):1-2+6.

儿的身心和谐,实现幼儿的全面发展[1]。庄弼等研究认为,幼儿体育活动是指对幼儿(3—6岁)进行身体基本活动能力培育及发展的过程。[2]

基于"快乐体育"理念,针对幼儿园大班儿童开展足球游戏活动,能够有效活跃课堂氛围,提高幼儿对足球知识技能的积极性和主动性。[3]快乐体育理念在学前儿童体育教学中的实践应用一定要从儿童本身出发,以培养其体育能力与意识理念、情感兴趣为目标对教学内容、方式方法以及基础设施进行完善,促进体育教学质量的提升。[4]

阳光体育理念下幼儿园民间游戏活动的开展,使幼儿参与体育锻炼的积极性明显增强,身体动作得到发展,运动技能不断提升,良好的运动习惯逐步养成。在参与游戏的过程中,幼儿也受到了民族文化的熏陶,感受到了民间游戏的无穷魅力,在心中播撒了爱国的种子。同时,教师在活动的组织与实施过程中,不断调整和完善活动策略,使之系列化、科学化、现代化,让活动更加契合幼儿的特点和需求。[5]

动商,英文可称为 Motor Quotient,英文缩写为 MQ,是继智商、情商之后,提出的全新概念。动商有狭义和广义之分。狭义的动商是指个体的运动商数,是个体克服自身和客观事物进行身体运动的能力,是人的运动天赋水平和运动潜能发挥能力,主要包括运动素质、运动心理、身体机能;广义的动商是指一切通过人的身体或身体某一部分活动所表现出来的人的自然属性和社会属性,包括身体运动、生产劳动、生活行动、社会活动的特质和能力,由先天遗传、后天环境和后天调控共同决定。动商是由南京理工大学王宗平教授潜心研究多年而得出的全新概念。

动商比较被先天遗传与后天环境所影响,年龄越小,动商发展得越突出。因为幼儿只有动了才能更好地感知外界事物,推动自身的全面发展。幼儿阶段在体育行为中能够很好地激发后天动商,同时也能启发智

---

[1] 郝晓岑,王婷.幼儿体育概念辨析[J].首都体育学院学报,2017,29(01):26-30.
[2] 庄弼,任绮,李孟宁,荆鹏飞.幼儿体育活动及其内容体系的思考[J].体育学刊,2015,22(06):64-70.
[3] 邵志燕.悦动足球——"快乐体育"理念下大班幼儿足球游戏活动的实践研究[J].新课程(综合版),2019(01):164-165.
[4] 周文龙,陈保鑫,栾欣玥.学前儿童体育教学中"快乐体育"理念的运用[J].产业与科技论坛,2021,20(21):182-183.
[5] 刘辉,陈凤丽.阳光体育理念下幼儿园民间游戏活动探析[J].成才,2020(08):58-60.

商与发展情商。幼儿体育活动不但可以全面提升综合素质,还涉及幼儿的多元化成长,因此不能仅凭一方面去认知幼儿体育的教学作用,而是需要关注幼儿的均衡与全面发展。总的来说,动商是幼儿全面发展的基础,开发幼儿的体育活动形式需要融合幼儿的教学资源,特别是多元化地符合幼儿的身心发展规律,让幼儿在游戏中培养自身的动商水平,推动自身的全面发展。①

第二节 幼儿体育教学模式

教学模式是指在一定的教育思想、教学理论和学习理论指导下的、在某种环境中展开的教学活动进程的稳定结构形式。②杨楠认为,体育教学模式的基本定义应该是:"体现某种教学思想或规律的体育教学活动的策略和方式,它包括相对稳定的教学群体和教材、相对独特的教学过程和相应的教学方法体系。"③毛振明教授将体育教学模式的概念定义为,"体现某种教学思想的教学程序,它包括相对稳定的教学过程结构和相应的教学方法体系,主要体现在教学单元和教学课的设计和实施上。"④袁金花在研究中认为,幼儿体育教学是指在幼儿园体育教育目的的规范下,幼儿园教师为促进儿童全面发展,依据该阶段儿童的身心发展特点和社会对人才需要的标准,选择正确的教学内容、科学的教学方法、合理的教学方式,有计划地对儿童的身心发展施加影响的活动过程,是教师的教和学生的学共同组成的一种活动,是幼儿园体育的重要组成部分。⑤

围绕"动作发展"视角下幼儿体育教学模式的研究,诸多学者给予

---

① 范云峰.动商理念下幼儿体育活动游戏化教学相关[J].才智,2020(16):158.
② 何克抗.建构主义的教学模式、教学方法与教学设计[J].北京师范大学学报(社会科学版),1997(05):74-81.
③ 杨楠.体育教学模式与主体教学浅论[J].北京体育师范学院学报,2000(01):1-11.
④ 毛振明,吴键,马铮.体育教学模式论[J].体育科学,1998(06):5-8.
⑤ 袁金花.南京市幼儿体育教学的开展现状调查与分析[D].南京体育学院,2013.

了自己的观点。周文龙认为,幼儿动作包含基本动作、平衡动作、粗大动作和细小动作。动作的发展与幼儿年龄、生理以及心理等方面的发展密不可分。为了促进幼儿动作的发展,提高幼儿的身体素质,人们需要遵循幼儿动作发展的规律,采用合理的方法来促进幼儿动作的发展,促进幼儿健康稳定成长。[①]刘敦晓认为,应该以幼儿动作发展理论为基点,探索幼儿体育教学模式构建的新路径,更新教育观念,开阔理论学习视野、明晰教学目标,强化教学实践监管、优化教学内容,整合课程教学资源、融合先进理念,丰富教学组织方式、优化考核方式,制定科学评价标准。[②]刘鹏认为,幼儿体育教学要明确动作发展视角下的教学目标,3—6岁的幼儿正处于大脑形象思维发展的阶段,教师可以利用一些较为形象的动作,或者通过外在媒介来开展教学活动,这也能够让幼儿的思维能力得到全面发展,使幼儿的想象力和创造力得到培养。[③]形象动作教学的倡议对MLS课程的构建具有借鉴意义。

有学者也在探索"家校社一体化"教学模式。如王樊提到要优化路径,认为幼儿园应该根据幼儿体质健康水平,联动家庭、社区针对性培养幼儿体质;幼儿园、家庭、社区应在保障自身发展的情况下,促进"家校社一体化"的发展。鼓励探索家庭体育的科学、便利运动方式,打造社区户外运动基地,形成社区联动,培养幼儿健康行为贯彻终身体育观。[④]

马丽波等提出,要做好幼儿体育教学工作需要充分认识其重要性和面临的问题,从教学目标、教学内容、教学方法、教学评价、教学反思和教学问题等方面综合改进,建立科学合理的幼儿园体育教学模式,使幼儿身体健康,活泼快乐,富有创造思维,具有竞争意识,善于与他人合作,从而体会到学习和体育运动的乐趣。[⑤]

有学者从"游戏化"的角度去探讨幼儿体育教学模式。如唐宇钧

[①] 周文龙.核心素养视域下促进幼儿动作发展规律研究[J].文体用品与科技 2019(17):188-189

[②] 刘敦晓.动作发展视域下幼儿体育教学模式的审视与重构[J].体育科技,2018,39(06):107-108+111.

[③] 刘鹏.动作发展视角下3—6岁幼儿体育教学模式的研究[J].尚舞,2021(07):109-110.

[④] 王樊.幼儿体育"家校社一体化"教学模式优化路径研究[C]//.第十二届全国体育科学大会论文摘要汇编——专题报告(学校体育分会).2022:1263-1264.

[⑤] 马丽波,张雪梅,朱佩仪.对幼儿园体育教学模式的思考[J].才智,2017(28):175.

认为，教师要注重采取游戏教学和活动教学的方式，促进体育与游戏、户外活动的深度融合，同时还要注意保证体育教学的安全性，通过这些措施来创新幼儿体育教学模式，进而提高幼儿体育教学的水平。[1]孙雯雯等认为，开展幼儿园体育游戏活动，实施富有特色的阳光体育教学模式，能够让幼儿加强体育锻炼，使幼儿的身体素质得到增强，个人意志品质也得以磨炼。[2]

王军朝认为，动作学习的水平可以反映个体接收和处理信息的能力，这对其认知、情感、心理发展有着非常重要的意义和作用，可以为后天的知识学习、思维和社会交往等能力的提升打下基础，必须要重视动作教育在孩子成长的作用。[3]王光辉认为，科学合理地将信息技术应用于幼儿体育教学，使体育教学更有趣味性，让幼儿对体育教学产生更浓烈的兴趣。鼓励让幼儿体育教师能更加准确、更加合理地将信息技术应用于幼儿体育教学。[4]李玲在研究中指出，要实现幼儿体育教学内容的创新，首先要做到幼儿体育教学内容的多样化；其次，创建问题情境，使幼儿积极主动参与体育教学活动；再次，发挥幼儿体育教师的积极态度，培养幼儿的积极情感；最后，带领幼儿进行思维创造，进一步提高幼儿的主体意识。[5]

此外，也有学者围绕"动商"发展理念下的幼儿体育教学模式进行了研究。陈金鼠认为，幼儿园基于培养动商理念活动的开展，一方面可以令幼儿成长为智商情商双重具备的人才，另一方面可以让幼儿有更深层次感悟世界的能力，促进较高的智商去分析解决问题和较高的情商适应生活的能力。[6]

---

[1] 唐宇钧.基于幼儿体育教学模式的创新分析[J].科学咨询(教育科研),2020(04):60.
[2] 孙雯雯,马聪聪.浅谈在幼儿园中实施户外阳光体育教学模式的策略[J].天天爱科学(教育前沿),2022(02):31-32.
[3] 王军朝.动作发展视角下3-6岁幼儿体育教学模式的研究[D].吉林体育学院,2017.
[4] 王光辉.信息化背景下的幼儿体育教学模式探究[J].冰雪体育创新研究,2020(06):61-62.
[5] 李玲.幼儿体育教学模式的创新研究[J].当代体育科技,2017,7(18):172+174.
[6] 陈金鼠.基于动商理念探究幼儿体育活动的游戏化教学模式[J].家长,2021(33):10-11.

第三节　幼儿体质健康发展状况

2021年12月，国家国民体质监测中心发布了《第五次国民体质监测公报》。公报显示：国民体质总体呈上升趋势，城乡体质水平差距逐步缩小，运动增强体质作用明显，体质较弱群体的体质水平提高幅度较大。本次监测采用与第四次国民体质监测相同统计口径对本次国民体质监测数据进行分析，数据结果显示：2020年全国达到《国民体质测定标准》"合格"等级以上的人数比例（以下简称"合格率"）为90.4%，与2014年监测相比，提高了0.8个百分点。

在幼儿阶段的数据调查显示，除体脂率和坐位体前屈外，幼儿各项体质指标平均水平均随年龄增长而提高，呈现生长发育的主要特征。在身体形态方面，与3岁组相比，6岁组男性、女性幼儿身高平均值分别高17.7厘米和17.6厘米。除体脂率外，男性幼儿各指标平均值均大于女性幼儿。城镇幼儿各指标平均值均大于乡村幼儿。在身体素质方面，幼儿灵敏、协调和平衡素质在5岁前快速发育趋势比较明显。除柔韧和平衡素质外，男性幼儿其他各项指标均优于女性幼儿。城镇幼儿下肢爆发力、灵敏性指标好于乡村幼儿，而乡村幼儿柔韧、平衡素质好于城镇幼儿，城乡幼儿握力水平基本一致。

一、身体形态

幼儿的身体形态包括很多方面，基本包括身高、体重、坐高、胸围、皮褶厚度五大方面。

（1）身高：身高是人体骨骼发育和纵向发育的直观体现，在整个幼儿阶段身高呈现缓慢增加的趋势，每年增加约5厘米。

（2）体重：体重是幼儿身体形态横向发育的重要指标。体重不但彰显了幼儿骨骼的发育情况，还表明了幼儿内脏、肌肉等的发育情况。幼儿的体重增长速度并不是一致的，两岁之后的幼儿每年的体重增长会越来越多，后一年增长的重量往往是前一年增长量的一到两倍。

（3）坐高：坐高显示的是幼儿躯干的长度，是幼儿身体形态的主要特征之一。一般采用坐高指数对幼儿的坐高情况进行反映，数值越大说明幼儿的躯干越长，相对而言腿的长度就会越短。幼儿阶段坐高每年大约增长2厘米，说明每年幼儿的腿的正常长度比躯干要多1厘米左右，腿的生长发育快于躯干的生长发育。坐高与身高的关系十分密切，身高增加得多相对的坐高也会增加较多。

（4）胸围：胸围显示的是胸廓大小，胸廓越大说明幼儿的肺部越大，研究人员在对幼儿的身体形态进行研究时不能忽略对幼儿胸围的研究。研究显示，幼儿的胸围每年增长1.5厘米左右。其中男性幼儿的胸围普遍比女性幼儿的胸围大1厘米左右。

（5）皮褶厚度：男性幼儿的胸围普遍比女性幼儿的胸围大1厘米左右，研究表明，女性幼儿的皮褶厚度普遍高于男性幼儿。

在影响幼儿身体形态的因素中，其中优育、生活环境、生活方式对于幼儿阶段的身体形态具有显著的影响。遗传基因、优生虽有相关性，但在幼儿阶段表现不明显[1]。马晓等[2]人对中、韩两国5—6岁幼儿身体形态、身体素质对比分析研究，结果显示，韩国幼儿平均身高比中国幼儿矮1.2厘米，平均体重比中国幼儿重0.6千克。可见，在身体形态上，中国幼儿身高偏高，韩国幼儿体重偏重。

根据华东地区近3年来国民体质监测公报，对该地区3—6岁幼儿抽取5000人进行身体形态、机能和运动素质等体质测试指标进行研究。结果表明，身体形态在幼儿时期发育水平的权重顺序分别是，胸围＞体重＞身高＞坐高；权重分别是7.3%＞6.5%＞3.8%＞3.5%。身体机能发育水平权重顺序是，上臂皮褶＞腹部皮褶＞安静心率＞肩胛皮褶厚；权重分别是7.9%＞7.9%＞7.8%＞6.7%。身体运动素质能力顺序是，十米折返跑＞走平衡木＞双脚连续跳＞网球投远＞坐立体前屈＞立定跳远；权重分别是11%＞10.3%＞8.7%＞7%＞6.9%＞4.6%。研究表明，幼儿时期胸围和体重是评价幼儿时期健康标准的重要依据，

---

[1] 李长步.关于幼儿的身体形态特征的研究[J].长江丛刊，2020（34）：141+177.

[2] 马晓，赵静芳，魏海燕，李光老.中、韩两国5—6岁幼儿身体形态、身体素质对比分析——以中国山东省聊城市幼儿和韩国京畿道利川市幼儿为例[J].青少年体育，2021（06）：138-140.

第二章 幼儿体育基本内容

以体重来衡量幼儿时期的发育水平更科学全面反映幼儿时期的形态和运动素质的发育现状。①

基于廊坊市国民体质监测数据,对2014年廊坊市3—6岁幼儿的身体形态、身体机能和身体素质指标进行了统计分析。结果表明,廊坊市3—6岁城乡幼儿身体形态指标在男女性别上不存在显著差异,整体上比较符合3—6岁幼儿生长规律。②

基于2014年体质监测数据,对比四川省2000年监测结果进行了年代纵向比较,在身体形态上,四川省3—6岁幼儿身体形态值均随年龄增长而增加;四川省幼儿身体形态平均值低于全国水平;2014年四川省幼儿身高、坐高、体重、胸围等指标平均值明显高于2000年。③

2020年荆州市3—6岁幼儿的身体形态、身体机能和身体素质三项指标的发展水平总体都随着年龄的增长而不断提高,且具有一定的性别和城乡特征。④长沙市城区3—6岁幼儿各身体形态发育指标符合幼儿稳定增长的一般规律,身高体重达到正常水平;遗传性状影响了3—6岁幼儿体质强弱;不同性别的幼儿2个年龄组之间身体形态的差异,男幼儿的体重和胸围指数高于女幼儿;儿童体格发育变化反映下肢增长比躯干更快,呈现肢体远端开始发育的发展趋势。⑤

通过分析比较福建省3—6岁不同性别幼儿身体形态15年变化趋势。结果发现:福建省男、女幼儿除了坐高在2000年至2010年间呈上升趋势,2010年至2014年间呈略下降的趋势外,其余身高、体重和克托莱指数等在2000年至2014年间呈波动趋势,总体在波动中略有减少,各身体形态指标基本上高于全国平均水平,然而与全国平均值的差距随年份的增长逐渐缩小。⑥2000—2014年间青海省幼儿基本形态指标比对后得出,包括身高、体重、坐高、胸围均呈现随年份增加逐渐升高的趋势,差异显著从体质达标率看,2020年来青海省幼儿体质达标率在合格

---

① 赵星.华东地区幼儿时期身体形态发育水平研究[J].文体用品与科技,2022(09):85-87.
② 张志新,高枫,彭丽娜,鲁政道,周旭雪.廊坊市3-6岁幼儿体质健康状况研究[J].廊坊师范学院学报(自然科学版),2019,19(01):96-99.
③ 史银珍.四川省3—6岁幼儿体质现状[D].成都体育学院,2016.
④ 陈艳.荆州市3-6岁幼儿体质现状及对比分析研究[D].长江大学,2021.
⑤ 吴晓霞.长沙市城区3—6岁幼儿身体形态发育状况调查[J].运动精品,2018,37(01):64-65.
⑥ 周丽云,杨阳.福建省幼儿身体形态15年变化趋势分析——基于2000至2014年四次国民体质监测[J].体育科学研究,2017,21(06):65-68+87.

以上的,总体呈现随年份增强体质越来越好的趋势,并且幼儿男子体质合格率要略低于幼儿女子;与全国同龄水平比较来看,除皮褶厚度高于全国水平外,其他均低于全国平均水平,其中身高、胸围、皮褶厚度三项指标幼男差距大于幼女,其他指标幼男差距小于幼女。[1]

2014年廊坊市3—6岁城乡幼儿安静心率不存在显著差异($P > 0.05$),乡村幼儿安静心率平均值略高于城市幼儿。男女幼儿安静心率不存在显著差异($P > 0.05$),男幼儿安静心率略高于女幼儿。心率和幼儿体重也有一定关联,研究发现男幼儿体重高于女幼儿,可能幼儿的安静心率和体重是相关的。[2]

基于2014年体质监测数据,对比四川省2000年监测结果进行了年代纵向比较,在身体机能上,四川省幼儿心肺功能指标总体较好,随年龄增长安静心率均值呈下降趋势,城乡差异不大,四川省2014年幼儿安静心率均值高于全国水平,与2000年差异不大。[3]

二、身体素质

根据《国民体质测试(幼儿部分)》的测试标准,其身体素质内容包含六个项目,分别为坐位体前屈、10米折返跑、网球掷远、走平衡木、立定跳远以及双脚连续跳。

根据对我国2000年、2005年、2010年、2014年四次国民体质监测公报(幼儿部分)身体素质情况的动态变化特征研究发现,我国3—6岁各年龄段幼儿身体素质除立定跳远和双脚连续跳有提高外,其他指标无变化或有下降趋势。年龄特征表现为,男幼儿坐位体前屈随年龄的增长而下降,女幼儿无明显变化;其他身体素质均随着年龄的增长而提高。[4] 张铭等对2000年、2005年和2010年三次全国国民体质监测幼儿人群抽样作为对象,比较了城乡幼儿身体素质发展水平,从三次全国国民体质监测结果来看,总体上,城乡幼儿身体素质存在差异,城市幼儿身

---

[1] 何泳力.2000-2014年青海省3-6岁幼儿身体形态动态分析[D].青海师范大学,2017.
[2] 张志新,高枫,彭丽娜,鲁政道,周旭雪.廊坊市3-6岁幼儿体质健康状况研究[J].廊坊师范学院学报(自然科学版),2019,19(01):96-99.
[3] 史银珍.四川省3-6岁幼儿体质现状[D].成都体育学院,2016.
[4] 刘永杰,刘金富,孙启成.我国3-6岁幼儿身体素质动态变化特征研究[J].浙江体育科学,2019,41(02):98-104.

体素质好于乡村幼儿,表现在速度、灵敏素质、下肢力量素质和柔韧素质。[1]

马晓等对中、韩两国5—6岁幼儿身体形态、身体素质对比分析研究,结果显示,立定跳远平均距离比中国幼儿远14.4厘米,坐位体前屈平均值比中国幼儿大4.1厘米,往返跑平均速度比中国幼儿慢0.9秒,网球掷远平均值比中国幼儿小0.3厘米,双脚连续平均值比中国幼儿快0.7秒,测试项目除网球掷远外均具有显著性差异($P<0.05$)。[2] 可见,在身体素质上,韩国幼儿的爆发力、柔韧性以及下肢协调性较好,而中国幼儿的速度和敏捷性较好。

王欢等人对2005年和2015年中国澳门北片、中片和南片的6所幼儿园随机整群抽取3—6岁幼儿进行体质测试,调查幼儿活动行为和家庭背景。研究结果:中国澳门儿童下肢肌力、跑速、协调性、柔韧性均有显著提高($P<0.05$),平衡能力明显下降($P<0.05$),上肢投掷能力保持不变。并发现身高和体重的变化并不是幼儿身体素质变化的全部原因。参加体育俱乐部的行为,减少看电视或玩电脑时间,都与儿童的体质成绩提高有关。虽然父母的教育水平和锻炼行为对幼儿的身体健康没有直接影响,但可能会通过影响幼儿的行为而产生间接影响。[3]

基于2014年体质监测数据,对比四川省2000年监测结果进行了年代纵向比较,在身体素质上,四川省幼儿身体素质均随年龄增长而增强;男女性幼儿比较,除坐位体前屈外,男性幼儿的各项身体素质均高于女性;城乡之间,除走平衡木外,城镇幼儿各项素质指标均高于乡村;四川省幼儿身体素质水平总体低于全国水平;与2000年监测结果比较,除网球掷远外,其他各项身体素质2014年均有增长。从四川省幼儿体质综合评价看,各年龄阶段合格率较高,总体合格率为89.8%;与2000年比较,2014年合格率提高11.6%,但优秀率下降1.7%。[4]

周文龙通过分析海南省3—6岁幼儿体质健康现状,为幼儿体育健

---

[1] 张铭,李森,武东明.我国城乡幼儿身体素质发展水平比较研究[J].体育文化导刊,2012(12):24-28.
[2] 马晓,赵静芳,魏海燕,李光老.中、韩两国5~6岁幼儿身体形态、身体素质对比分析——以中国山东省聊城市幼儿和韩国京畿道利川市幼儿为例[J].青少年体育,2021(06):138-140.
[3] 王欢,张彦峰,王梅,江崇民,武东明.2005—2015年中国澳门地区幼儿身体素质的变化以及相关因素分析[J].中国体育科技,2018,54(06):76-82.
[4] 史银珍.四川省3—6岁幼儿体质现状[D].成都体育学院,2016.

康教育提供可行性建议。按照我国最新制定的《国民体质测定标准手册(幼儿部分)》所规定的方法研究发现,海南省3—6岁幼儿体质健康的总体合格率为82.4%,该标准与2014年全国平均水平相比结果较低。海南省3—6岁幼儿体质健康水平不容乐观,需要幼儿教育结构积极做好幼儿体质的提升工作。①

乌鲁木齐市3—6幼儿体质健康整体情况良好,男性幼儿指标虽高于女性幼儿,但是女性幼儿体质得分水平高于男性幼儿。其中,身高和体重得分水平较高,不同年龄之间存在着差异性。身体素质:立定跳远、坐位体前屈、双脚连续跳得分水平均随年龄增大呈良好趋势发展,其中10米折返跑、网球掷远和走平衡木得分水平较低。②

杨慧君等综合2005、2010年湖北省幼儿体质测试数据的对比,对武汉市城镇3—6岁幼儿的身体素质特征进行分析,对其影响因素进行探析。结果显示,幼儿的上、下肢爆发力、速度、灵敏素质、身体协调能力和平衡能力等素质均随年龄增长而提高,且大部分素质男幼儿优于女幼儿。总体而言上肢力量、柔韧性素质和平衡能力这3项素质属于城镇幼儿的薄弱素质。③

宁小春等通过分析广西沿海城市幼儿园3—6岁儿童发现,男、女童立定跳远3、4岁组高于全国。网球掷远3、4岁女童和3、5岁男童组均值均高于2014年全国水平,6岁男女童年龄组均值均低于2014年全国水平。坐位体前屈均值除6岁男童均低于2014年全国水平,10米折返跑均值除3岁女童以外均高于2014年全国水平。结论:广西沿海城市3—6岁幼儿身体素质状况不容乐观,下肢力量和速度较强,上肢力量和柔韧性有待提高。④

通过对云南省汉族与少数民族幼儿体质测试分析后发现,彝族幼儿各项体质健康指标与汉族幼儿无明显差异,白族、哈尼族、傣族幼儿与汉族幼儿相比在不同方面存在差异,各有优势与不足。年龄、性别、民

---

① 周文龙.海南省3—6岁幼儿体质健康现状分析[J].当代体育科技,2019,9(30):15-16.
② 王晓姗.乌鲁木齐市3-6岁幼儿体质现状及影响因素分析[D].新疆师范大学,2021.
③ 杨慧君,黄茜,李盛.武汉市城镇3—6岁幼儿身体素质特征分析[J].湖北体育科技,2018,37(06):502-504+547.
④ 宁小春,赖银娟,彭迎春,俞玲.广西沿海地区3—6岁幼儿身体素质状况分析[J].当代体育科技,2020,10(26):241-244.

族、遗传、出生方式、睡眠时长、饮食及运动习惯等因素不同程度地影响着幼儿的体质健康。①

对山西省 2010 年、2014 年 3—6 岁幼儿体质监测数据进行横向和纵向动态研究统计发现,山西省 3—6 岁幼儿的身高、体重指数有不同程度的增长,其中 3—6 岁幼儿体重增长趋势较大,男性增长趋势大于女性,男性与女性的身高差值变化较大。2014 年山西省 3—6 岁幼儿体质总体合格率为 92.1%,相比 2010 年,无论是良好率还是优秀率都有不同程度的提高。但在身体素质指标上,除立定跳远指标趋于稳定外,其他各项指标都有不同程度下滑。②

王晓飞通过对学龄前儿童体重与身体素质的相关性研究,在上海市 6 所幼儿园中选取 576 名 5—6 岁的学龄前儿童,分为低体重组、正常体重组和超体重组。体质测试项目包括身高、体重、坐位体前屈、10 米折返跑、立定跳远、网球掷远、双脚连续跳和走平衡木,分析身体素质与体重的相关性。结果显示,不同体重组的学龄前儿童身体素质情况差异较大,提示体重对身体素质指标有影响,建议重视学龄前儿童低体重和超体重问题。③

在不同体育活动项目对于幼儿身体素质的影响研究中得出,通过幼儿篮球、跆拳道与幼儿体适能三个体育活动项目的开展,幼儿的立定跳远、双脚连续跳、网球掷远、十米折返跑、坐位体前屈水平均有了显著提高。④

龚梦兰通过实验研究发现,体育游戏对大班幼儿速度和灵敏素质、柔韧素质、平衡能力等都具有非常显著的影响效果($p < 0.01$)。⑤

周喆啸通过在不同动作水平视角下观察幼儿身体素质、身体质量指数(body mass index,BMI)的特点研究发现,幼儿动作能力与身体素质存在显著正相关,可将动作发展作为身体活动方案制订的依据,动作评

---

① 罗莹,马靓,李红娟.云南省汉族与少数民族幼儿体质现状及影响因素[J].中国学校卫生,2020,41(07):1100-1102.
② 王方,刘红星.第四次国民体质监测3-6岁幼儿体质状况动态变化趋势的分析研究——以山西省3-6岁幼儿为例[J].体育科技,2020,41(04):74-76+78.
③ 王晓飞,曹新甥,潘天帅,陆大江.学龄前儿童体重与身体素质的相关性研究[J].中国儿童保健杂志,2018,26(01):74-77.
④ 任芳,赵星,屈莎.不同体育活动项目对于幼儿身体素质的影响[C]//第十二届全国体育科学大会论文摘要汇编——专题报告(学校体育分会),2022:891-893.
⑤ 龚梦兰.体育游戏对大班幼儿身体素质影响的研究[D].广州体育学院,2021.

估作为幼儿身体素质测试的补充内容；动作能力与 BMI 总体得分存在显著负相关，其中位移动作对健康体质量保持及 BMI 水平预测具有重要影响。①

刘小霞将 3—4 岁的幼儿分为实验班与对照班，经过 12 周的教学实验，根据实验前后测的数据结果分析体能训练对幼儿身体素质的影响。研究发现：(1)经过体能训练，实验班幼儿的作息状况、运动状况、家长重视程度都有不同程度的提高，并且体能训练对幼儿运动状况具有积极影响。(2)体能训练有助于实验班幼儿身体素质的发展，具体表现在速度素质、耐力素质、柔韧素质、灵敏素质和上肢力量素质五个方面。对幼儿形态指标方面则不存在影响。(3)根据美国 AFAA YF 课程所设计的幼儿体能训练方案对 3—4 岁幼儿身体素质的发展是有效的。②

李林等研究发现身体运动功能干预方案对大班幼儿身体素质有不同程度的影响，通过 3 套不同身体运动功能干预方案，不同程度地改善了大班幼儿身体素质。其中平板支撑＋臀肌桥迷你带＋抱膝前进＋3 米折返跑有助于改善幼儿身体形态；双脚原地纵跳＋小栏架高抬腿跑＋绳梯高抬腿跑有助于提高幼儿下肢力量、协调性等健康指标；绳梯小步跑＋低分腿姿＋小栏架正向双足稳定跳有助于提高幼儿下肢力量、协调性、平衡能力，对改善灵敏性和柔韧性有一定的帮助。③

张柳通过对幼儿基础动作技能发展和身体素质关系探究发现，幼儿基础动作技能发展和身体素质发展的关键时期是 3—6 岁，在这一时期，幼儿的各项素质得到大幅提高。幼儿基础动作技能与身体素质之间存在积极的正相关，二者相互作用，幼儿身体素质的提高保障了幼儿体育活动的参与度，促进其基础动作技能的快速发展；基础动作技能的提高也可为身体素质的发展奠定良好的基础。④

---

① 周喆啸. 不同动作水平视角下幼儿身体素质与 BMI 的特征研究 [J]. 中国体育科技, 2020,56 (10): 62-68.
② 刘小霞. 体能训练对 3-4 岁幼儿身体素质的影响研究 [D]. 福建师范大学, 2019.
③ 李林, 潘奇琳, 刘林. 身体运动功能干预对大班幼儿身体素质影响的实验研究 [J]. 山西大同大学学报(自然科学版), 2019,35 (02): 89-91.
④ 张柳. 幼儿基础动作技能发展和身体素质关系探究 [D]. 北京体育大学, 2019.

第三章　幼儿体育课程教学研究现状

第一节　幼儿体育师资情况

相关研究发现,学前儿童体育教师水平达到国家规定标准,学历合格率为100%,50%以上的体育教师是幼儿园外聘教师,幼儿园采用合作的方式购买幼儿体育培训机构的课程,由机构外派教师入园教学;教师的岗前培训和在职继续教育培养中认为基本满足的是77.27%,培训主要涉及体育健康知识领域内容,但就如何开发幼儿体育课程并未做过专题研讨、学习。[①] 体育教师的男女性别比例失调,极大地限制了幼儿健康发展的需求,幼儿园组织幼儿体育教学活动的教师,大多数由校外体育培训机构老师担任,活动形式基本以游戏为主,外聘教师的专业知识难以做到把学前教育和体育教育有机融合,容易偏离国家制定的健康领域教学目标,使幼儿教育小学化。针对幼儿园体育师资队伍建设中存在的问题,应加强幼儿体育教师的业务学习,包括广博深厚的体育理论知识和扎实熟练的运动专业技能两个方面,同时还要从男女性别、年龄结构、学历层次、学源结构等方面优化学前儿童体育教师师资队伍结构,尤其要关注青年体育教师的职业成长,在人才引进时可提高专职体育教师招聘的比例,且考虑以男性体育教师为主,从而改善体育教师性别比例失衡的现状。

[①] 郝仕芳,欧乾旺.学前儿童体育教学的困境与路径研究[J].体育科技文献通报,2022,30(02):154-156+160.

有学者认为,男性教师的缺乏严重影响了幼儿园体育教育的发展[1]。因此,不管是教育部门,还是园方,都应该大力引进专职、专业的男性幼儿体育教师。这样一方面可以优化幼儿教师队伍性别结构,与女性教师的性格形成优势互补,进而提高幼儿师资队伍的整体素质,更重要的是可以促进幼儿性别意识的形成及身心健康成长。白翠瑾等研究提出对我国幼儿体育破解师资培养难题的启示:在培养主体上建立"一体两翼、合作互补"的长远规划,在培养理念上创立"体幼融合、游戏为重"的精准思维,在培养目标上确立"满足需求、追求卓越"的时代定位,在培养课程上树立"协同交叉、赋能实践"的设置思路。[2]

　　目前,幼儿体育教师供需仍存在缺口,而实现专业性的幼儿体育师资配备,需要培养大量具有体育教学技能和学前教育及特质幼儿教育知识的复合型人才。[3]因此,应鼓励全国体育师范院校加强幼儿体育师资的培养,积极开展幼儿园普通教师幼儿体育CK和PCK的培训,以满足社会对专业幼儿体育师资的需求。

　　对于幼儿师资的提升应该以政策为导向推动融合,应以国家政策方针为指导[4],实现学前教育和体育学科间的对话,建立健全我国幼儿体育师资培养体系、法律法规以及评价指标体系。

第二节　幼儿体育课程教学方法与手段

　　对于幼儿体育课程教学方法与手段,我国学者做了相关的研究。戴逢坚通过对湛江城区幼儿体育主要教学特征分析得出,幼儿体育教学方

---

[1] 刘芳梅.广东省幼儿园体育师资现状、影响因素及发展对策[J].安徽体育科技,2021,42(03):80-84+99.
[2] 白翠瑾,李哲,张茉,杨光,久能和夫.幼儿体育师资培养国际案例对中国的启示[J].沈阳体育学院学报,2020,39(05):32-39.
[3] 陶小娟,汪晓赞,范庆磊,杨燕国.新时代中国幼儿体育发展的现实问题与应对策略[J].体育科学,2021,41(09):24-34.
[4] 张何杰,姚蕾.体教融合背景下我国幼儿体育师资培养的现实困境和发展诉求[C]//第十二届全国体育科学大会论文摘要汇编——墙报交流(学校体育分会),2022:1469-1470.

第三章　幼儿体育课程教学研究现状

法在讲解法、示范法和练习法三大基本方法的基础上结合游戏法、语言法、直观法、情景教学法、分解教学法、自主探讨教学法进行综合运用，使教学方法多元化，但对教学方法的创新性缺乏深度关注。[①] 韩文娜研究认为，将中华传统儿童体育游戏表达为现代课程语言，能够强化当下中国的中小学体育课程的全面育人功能，探索体教融合的实践新路。同时，中华传统儿童体育游戏是基于儿童娱乐天性的社会交往活动。以儿童"兴趣"为切入点，通过游戏为手段，可以构建儿童社会交往的实践路径，从而避免生硬灌输。[②]

方艳从幼儿体育课程的目标、内容、方法、评价出发，尝试构建"幼儿园、家庭、社区"为一体的幼儿体育课程，为幼儿的体育生活营造良好的氛围，共同促进幼儿身心的全面发展，也为我国建设完善的幼儿体育课程体系提供一个新的出发点。[③] 课程在促进幼儿健康发展的同时，应同时在教学过程中渗透科学、语言、艺术、社会等领域的知识。[④]

向娜研究得出，在幼儿学习游泳教学中结合趣味教学的方法，能在幼儿发展的过程中帮助幼儿形成良好的运动兴趣，帮助幼儿提升游泳能力，不易引起幼儿在教学过程中产生枯燥无味的情绪，且在实施教学的过程中提升幼儿对游泳的认知程度，满足幼儿身心发展要求，让幼儿在学习的过程中做到"寓"教于"乐"，从而达到身体素质和游泳能力的提升。[⑤]

笔者也通过查阅相关资料发现，目前在有体育教学中，加强与幼儿的互动性能够取得良好的效果。通过在课堂中插入幼儿所熟知的节奏、歌曲、BGM、流行元素等内容为切入点，增加与儿童的互动性，提高教学效果。因此，对幼儿体育教师提出更高的要求，使其需要在日常生活中观察幼儿所关注的内容作为教学素材。这一点也对 MLS 的课堂教学，具有借鉴意义。

[①] 戴逢坚. 湛江城区幼儿体育主要教学特征分析[J]. 体育视野, 2021 (05): 10-12.
[②] 韩文娜. 中华民间儿童体育游戏的课程表达研究[D]. 东北师范大学, 2021.
[③] 方艳. "三位一体"式幼儿体育课程的构建[J]. 当代体育科技, 2021, 11 (36): 238-241.
[④] 汪晓赞, 陶小娟, 仲佳镕, 杨燕国. KDL幼儿运动游戏课程的开发研究[J]. 北京体育大学学报, 2020, 43 (05): 39-49.
[⑤] 向娜. 趣味教学法在幼儿游泳教学中的应用研究[D]. 吉林体育学院, 2021.

第三节　幼儿体育课程环境情况

幼儿园体育场地设施与环境,不仅可以影响幼儿体育教学效果,还会影响教师教学教材的开发热情。受到运动设施与环境限制的幼儿园,其幼儿体育将很难发展到一定水平。

陶小娟等研究认为,应精心选购适合于幼儿身心发展的优质运动器材,设置开阔、具备安全保护措施的室内和室外运动场地,同时在室内身体活动教室配备对内和对外联络电话、急救箱等,为幼儿获得鲜活有趣的运动体验提供较为全面的环境保障。此外,可以通过与运动相关的"区角设计"营造体育运动氛围,提高体育学习兴趣。[1]郝晓岑等研究进一步为我国幼儿体育环境的构建提出了具体的构建路径建议:(1)多方面探索幼儿体育发展规律,科学制订适合幼儿体育活动开展的指导性政策;(2)摒弃对幼儿体育空间环境的过度包装,为幼儿提供适宜适合适度的合理的身体活动空间;(3)多维联动协调家园社区三大空间,构建促进幼儿体育的大健康环境;(4)科学制订中国幼儿体育活动指南和相关标准,从根本上增加幼儿体育安全系数。[2]

何思思调查结果表明,体育环境与4—6岁幼儿运动能力存在一定的正相关,良好的体育环境能够促进幼儿运动能力的发展。其相关性主要表现在体育活动场地与设施、体育活动组织两个维度。[3]吴陶钧通过家庭环境对幼儿身体素质影响的研究发现,较高的家长文化程度对幼儿身体素质有积极影响,积极的家长体育教育态度和体育活动行为有利于幼儿的身体素质发展。[4]

李哲等研究认为,我国幼儿体育在未来的发展中应构建起"幼儿

---

[1] 陶小娟,汪晓赞,范庆磊,杨燕国.新时代中国幼儿体育发展的现实问题与应对策略[J].体育科学,2021,41(09):24-34.
[2] 郝晓岑,何俊,管文璐.我国幼儿体育环境的特征分析与构建路径研究[J].北京体育大学学报,2021,44(09):86-95.
[3] 何思思.体育环境对4-6岁幼儿运动能力的影响研究[D].武汉体育学院,2021.
[4] 吴陶钧.家庭环境对幼儿身体素质影响的研究[D].曲阜师范大学,2020.

园—家庭—社区"三位一体的协同机制,以幼儿的发展为基本原则,三大环境互相渗透、有机结合,建立起有效的组织与保障措施,共同提高幼儿身体活动水平,促进幼儿身心健康成长。①

第四节 幼儿体育装备与器材情况

幼儿体育装备与器材也是促进幼儿体育发展的因素之一。成熟的幼儿体育发展一定是教学目标、教学方法、装备器材的发展相辅相成的。我国学者对此也有自己的见解。陶小娟等研究认为,应根据3—6岁幼儿的身心发展特点,积极开发针对幼儿FMS发展的、充满童趣的运动玩具和器材设备。②幼儿的成长环境离不开我国本土文化的影响,更离不开玩具对于全面发展的促进作用。为确保运动玩具的长久使用和更新,应积极开发具有本土特色的幼儿玩具产业链,提高废物利用再创造的意识和能力水平。幼儿的成长环境离不开我国本土文化的影响,更离不开玩具对于全面发展的促进作用。郭剑华研究指出,自制体育器材可以有效解决活动器材不足、单一的问题,在儿童体育活动中发挥着重要作用。③针对幼儿年龄段的身心特点,在进行自制体育器材时应遵循安全性、环保性、趣味性、实用性等原则,满足孩子实际发展需要。多种类型的自制体育器材有利于培养孩子自主运动的意识,提高孩子锻炼的积极性,发掘其运动潜能,促进与教师、家长、同伴间的交流,在体育游戏中增强自身体质,促进全面发展。

感觉统合器材与体育游戏结合在一起,让幼儿在玩的过程中改善了身体的协调、平衡、注意力以及行为的失调。④软器材的合理使用,在激

---

① 李哲,杨光,张守伟,梁思雨.日本《幼儿期运动指南》对我国幼儿体育发展的启示[J].体育学刊,2019,26(01):114-119.
② 陶小娟,汪晓赞,范庆磊,杨燕国.新时代中国幼儿体育发展的现实问题与应对策略[J].体育科学,2021,41(09):24-34.
③ 郭剑华.自制体育器材在幼儿体育游戏创新中的应用[J].创新创业理论研究与实践,2020,3(16):37-38.
④ 李明.感觉统合器材在幼儿体育游戏中的设计研究[J].当代体育科技,2019,9(27):156-157.

发儿童对体育活动的兴趣和促进体育活动的参与方面发挥着重要作用。在儿童体育活动中有效使用软器材,能为儿童体育活动的安全和乐趣提供有力保障。儿童体育活动中,根据活动内容合理搭配使用软硬器材,组织设计儿童体育活动,能有力地促进儿童综合素质的发展。[①]

[①] 冯文星.软器材在幼儿体育教学中的应用[J].体育世界(学术版),2019(04):187-188.

第四章　MLS循环体能游戏课程的实施

第一节　幼儿园MLS课程实施路径

一、幼儿园MLS课程实施的步骤

幼儿园在教育管理中，为提高该园幼儿健康领域体育活动课程的水平与效果，应该科学规划，有目标有思路的进行教学研究与改革，逐步提高园内教师幼儿体育教学能力与水平。根据笔者在该领域的实践与研究，以幼儿MLS循环体育理念为推手提升幼儿园体育教学能力，根据MLS循环体育教学理念，结合教师素养和园所体育器材等多项因素开展幼儿体育课程的教学计划的制定。主要分为以下几个步骤：

（1）组建健康领域教学团队；
（2）制订MLS循环体育教学计划；
（3）教学计划的实施与过程控制；
（4）教学评价与反馈；
（5）进行教学总结。

通过以上步骤的组织与开展，幼儿园一般可以初步建立起园本的幼儿体育课程体系，并且可以在后续过程中不断完善。对于开展的教学内容部分，可以参见本书"第五章 幼儿MLS循环体能游戏教学案例"。

图 4-1　体育教研组成立仪式

二、MLS 课程课堂教学的组织

排队是指全体幼儿按照教师的口令，排成一定的队形，统一、协调地做同样的动作。队列队形的变换能为做操、上课、游戏等整理好需要的队形。

（一）队列的基本术语

（1）横队。幼儿左右排成一条直线叫列，按列排成的队形称为横队，几列称"几列横队"。如图 4-2 所示。

（2）纵队。幼儿前后重叠成一行叫路，按路排成的队形称为纵队，几行称"几路纵队"。如图 4-3 所示。

第四章　MLS 循环体能游戏课程的实施

图 4-2　四列横队

图 4-3　四路纵队

（二）口令的要求与方法

口令是队列训练和日常列队时指挥员下达的口头命令,包括预令、动令。

预令是口令的前部分,使听口令者注意并准备做动作。动令是口令的后部分,使听口令者立即做动作。例如,"向前看（预令）——齐（动令）"。在队列练习中,不是每个队列动作的口令都有预令和动令,比如立正、稍息的口令就没有预令。

喊口令时要声音洪亮、有力、短促、清晰。注意音阶与强弱的变化,一般口令均由低音向高音发展,如"向右看——齐!"。

口令根据下达方法不同,可以分为以下四种:

（1）短促口令。其特点是:只有动令,不论几个字,中间不拖音、不停顿,通常按照音节（字数）平均分配时间,有时最后一个字稍长,发音短促而有力,如,"立正""稍息"等。

（2）断续口令。其特点是:预令和动令之间有停顿（微吸口气）,如"第一名,出列"等。

（3）连续口令。其特点是:预令的拖音与动令相连,有时预令与动令之间微歇。预令拖音稍长,其长短视分以大小而定,动令短促有力,如,"立——定""向右——转"等。有的口令预令和动令都有拖音,如:"面向国旗——敬礼"等。

（4）复合口令,兼有断续口令和连续口令的特点,如,"以某人为基准,向中看——齐"等。

（三）幼儿园常用的队列动作

1. 立正

口令为:立正!

两脚跟靠拢并齐,两脚尖向外分开约60°,两腿挺直,小腹微收,自然挺胸;上体正直,微向前倾;两肩要平,稍向后张;两臂下垂,自然伸直,手指并拢,自然微曲;拇指尖贴于食指第二节,中指贴于裤缝;头要正,颈要直,口要闭,下颌微收,两眼平视前方,如图4-4所示。

2. 稍息

口令为:稍息!

左脚顺脚尖方向伸出约全脚的三分之二,两脚自然伸直,上体保持立正姿势,身体重心大部分落于右脚,如图4-5所示。

第四章　MLS循环体能游戏课程的实施

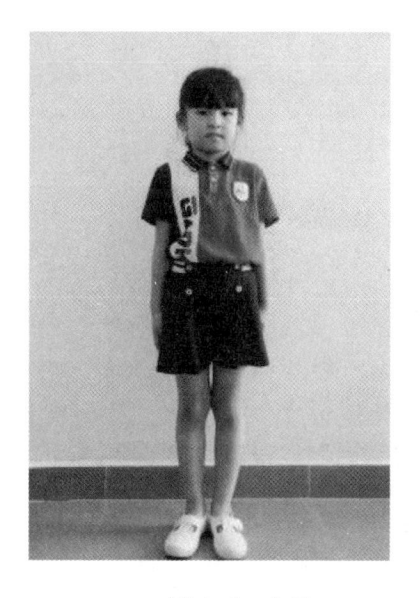

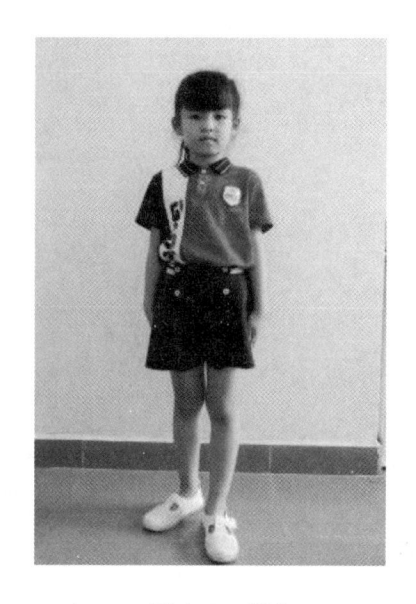

图 4-4　立正　　　　　　　　图 4-5　稍息

3. 看齐

口令为：向前看——齐；向右（左）看——齐；以某人为基准,向中看——齐！

（1）向前看齐时,纵队排头（第一排）幼儿成两臂侧平举,后排幼儿两臂前平举（掌心向下）,同时看前面幼儿的颈部,如图 4-6 所示。看齐后,教师下达口令"立正"（两臂放下）。

（2）向右（左）看齐时,左右间隔（两肘的间隙）为一拳,前后距离为一臂。看齐完毕后,发出"向前——看！"的口令,听到口令后,立即将头转正,恢复立正姿势。

（3）向中看齐时,教师指定的基准学生右手握拳高举,听到"向中看——齐！"的口令后,将手放下,其他学生按照向右（左）看齐的要领实施。看齐完毕则发"向前——看！"的口令,听到口令后,学生立即将头转正,恢复立正姿势。

图 4-6　侧平举与前平举

4. 立定

口令为：立——定！（动令落在右脚）

齐步和正步时，听到口令，左脚再向前迈大半步着地（脚尖向外约 30 度），两腿挺直，右脚取捷径迅速靠拢左脚，成立正姿势。跑步时，听到口令后再跑 2 步，然后左脚向前迈大半步（两拳收于腰际，停止摆动）着地，右脚靠拢左脚，同时将手放下，成立正姿势。

5. 转体

口令为：向右（左）——转；向后——转！

①向右（左）——转：以右（左）脚跟为轴，右（左）脚跟和左（右）脚掌前部同时用力，使身体协调一致向右（左）转 90°，重心落在右（左）脚，左（右）脚取捷径迅速靠拢右（左）脚，成立正姿势。转动和靠脚时，两脚挺直，上体保持立正姿势。

②向后——转：按照向右转的要领向后转 180°。

6. 报数

口令为：报数！

各横队从右至左（纵队由前向后）依次以短促洪亮的声音转头（纵

队向左转头)报数,最后一名不转头。横队也可采用蛇形依次报数。

7. 原地踏步走

口令为:原地踏步——走!

左脚开始,两脚在原地依次上下起落,上体正直;抬腿时,脚尖自然下垂;脚落地时要轻,两臂前后自然摆动,眼向前看,如图4-7所示。

图 4-7 原地踏步走

8. 齐步走

口令为:齐步——走!

左脚向正前方迈出,按照先脚跟后脚掌的顺序着地,同时身体重心前移,右脚动作相同;上体保持正直,手指轻轻握拢,拇指贴于食指第二节,两臂前后自然摆动;向前摆臂时,肘部弯曲,小臂自然向里合,手心向内稍向下;向后摆臂时,手臂自然伸直。

9. 跑步走

口令为:跑步——走!

听到预令(跑步),两手迅速半握拳提到腰际,拳心向内,肘部稍向里合。听到动令,上体微向前倾,两腿微弯,同时左脚利用右脚掌的蹬力越出,前脚掌先着地,身体重心前移,右脚动作相同;两臂前后自然摆动;向前摆臂时,大臂略直,肘部贴于腰际,小臂略平,稍向里合;向后摆臂时,拳贴于腰际。

(四)各年龄阶段队列练习的内容和要求

各年龄阶段队列练习的内容和要求,如表 4-1、4-2、4-3 所示。

表 4-1 小班队列练习的内容和要求

动作	要求
立正	立正时只要求上体能正直、头正,两臂在体侧自然下垂。
稍息	能自然站立。
看齐	能两臂前平举,向前对齐成纵队。
齐步走	能随着口令抬腿向前迈步,不要求左右脚能踩上节奏。
跑步走	听到预令后,能两臂屈肘于体侧;听到动令后,能自然跑。
立定	听到口令,会自然停下,成立正姿势。

表 4-2 中班队列练习的内容和要求

动作	要求
立正	要脚跟靠拢,脚尖分开,上体正直,头要正,两臂自然下垂于体侧,眼看前方。
稍息	听到口令后,两脚侧开立,两臂可自然下垂于体侧,也可两手背后相握。
看齐	站纵队时,排头两臂侧平举,后排两臂前平举(掌心向下),眼看前面幼儿的颈部。幼儿看齐后,教师下达口令:"立正!"(两臂放下)。
原地踏步	听到口令后,能上体正直,上下肢协调地按节奏在原地依次上下起落。
齐步走	听到口令后,能上体正直,上下肢协调地按节奏走;眼看前方,两臂前后自然摆动。
跑步走	听到预令后,能两臂屈肘于体侧;听到动令后,能上下肢协调地按节奏跑。
立定	听到动令后,减速停下,上体成立正姿势。

第四章　MLS循环体能游戏课程的实施

表4-3　大班队列练习的内容和要求

动作	要求
立正	要脚跟靠拢,脚尖分开,上体正直,头要正,两臂自然下垂于体侧,眼看前方。
稍息	听到口令后,左脚顺脚尖方向伸出约三分之一,两臂自然下垂于体侧。
看齐	站纵队时,排头两臂侧平举,后排两臂前平举(掌心向下),眼看前面幼儿的颈部。幼儿看齐后,教师下达口令:"立正!"(两臂放下)
原地踏步	听到动令后,从左脚开始,两脚在原地按节奏上下起落,上体正直,两臂前后自然摆动,眼向前看。
齐步走	听到动令后,从左脚开始向前迈步,步伐均匀一致,上体正直,两臂前后自然摆动,有精神地走。
跑步走	听到预令后,能两臂屈肘于体侧;听到动令后,左脚先迈,两脚前脚掌着地跑,同时上体稍前倾,两臂前后自然摆动。
立定	听到动令后,两拍停下,身体呈立正姿势。

注意:幼儿阶段不做跑步走中的立定,只做齐步走中的立定。

(五)队列队形练习的建议

排队和队形变换练习时,动作比较单调,内容重复练习,会使幼儿感到枯燥乏味,因此,应结合各种体育活动进行练习。例如,小班做模仿操前,先由教师带领幼儿走成圆形;中班做操前,先练习听信号切断分队走,并走成做操队形;大班做轻器械操之前或结束时,练习左右分队走,以便取放器械。另外,还可以通过各种游戏进行练习,如小班"开火车""跟着小旗走"等游戏。

队列和体操队形练习,都由教师口令指挥,教师的口令要正确、清楚,声音要洪亮。口令一般由预令和动令组成,预令是提示幼儿准备做动作,因此,声音要拉长;动令呼出,立即做动作,所以声音要短而响亮。如"向右看齐",其中"向右看"是预令,"齐"是动令;而有的口令没有预令,只有动令,如"立定""立正""稍息"等。因此,在发出口令前,先用目光暗示幼儿,提醒幼儿注意。特提示教师在下达此口令时,不能拉长口令。

利用标志物,练习队形变换。幼儿开始学习队形变换时,往往不能很快按教师的指示行动,特别是对行进的方向辨别不清。教师可以在场地上放置标志物,如小旗、椅子、砖头等,指示幼儿行动的方向,即绕过标志物后再转弯等。但幼儿基本学会后,即可移去标志物,单纯地听口令行动。

练习队形变换时,要培养好带队人。小班幼儿开始练习走圆圈,由教师亲自带头,以后再请能力强的幼儿带队。中、大班幼儿开始练习时,应该让能力较强的幼儿做排头,逐渐轮流让所有的幼儿学习带队,这样,可锻炼全班幼儿带队的能力。

(六)幼儿体育教师站位分析表

表 4-4 幼儿体育教师站位分析表

组织形式	要求	教师站位示图	教师站位图例	优势	注意点
四列横队式站位	教师在整队时的站位要面向阳光,顺应风势,幼儿自然地站在教师对面使幼儿处于背风,背光面,或站在对应的位置点上,即成四列横队。			四列横队式站位对于队形的组织要求低,便于开展,易于进行集体活动项目,如做操、热身、基本动作练习等;也便于双方的观察与互动。	只能进行简单的基本的动作示范,或者领操,做动作时注意镜面示范。还要注意后排幼儿听不清、看不清的状况。
四路纵队式站位	教师站于幼儿正前方,幼儿处于背风与避免阳光直射眼睛,选择环境要避免嘈杂,幼儿也可站于对应的位置点上,即成四路纵队。			四路纵队式站位适合对幼儿进行分组竞赛,便于开展小组教学,有利于教师观察与对比幼儿的动作的正确性,并及时纠正错误动作。	教师在左右移动时就会遮挡后面幼儿的视线,不适合基本动作示范,注意后排幼儿听不见、看不见的状况。

第四章 MLS 循环体能游戏课程的实施

续表

组织形式	要求	教师站位示图	教师站位图例	优势	注意点
中间站位	幼儿面对面站成两排，教师站在两排中间或者排头位置，且中间需留有较大空间，教师站在两排中间，易于转动身体，便于幼儿看清正面动作和背面动作。			中间站位有利于展示出前后移动的动作技术，如田径中地跑、跳、投，还有球类运动中的大部分动作。	教师的站位要确保动作示范活动空间，也可使中间两排幼儿蹲下，确保每一位学生能够看清楚教师的动作示范。
圆形式站位	教师通常站在圆圈内进行动作的讲解、示范，保证所有幼儿都能看清教师的动作；站在圆心处进行游戏规则的介绍，使所有幼儿都能听清教师的声音。			圆形式站位不仅可以进行基本的动作讲解，还可以进行部分游戏活动，幼儿能更清楚地看清动作，听清要领。	在进行圆形式站位时，教师站在圆心处，可稍往后退，以保证全体幼儿能看清动作，并且要顾及四周所有幼儿，避免总是朝一个方向。
扇形站位法	教师在的站位要面向阳光，顺应风势，使幼儿处于背风，背光面，当教师站在半圆前端时，幼儿则站在老师对面站成一个半圆，即成一个扇形。			扇形站位法进行适合足、篮球的传接球、排球的传垫球、弯道跑等项目的动作示范，有利于学生学习和掌握动作要领。	教师在集体指导时要注意自己的走向，可以适当地向前移动，但是切勿走到圆心将两端幼儿抛之脑后。

· 37 ·

（七）幼儿体育教师手势

1. 分男女两路纵队排队集合

（1）动作要领：（拳头代表男，掌代表女）

第一步：右臂垂直上举，右手握拳，拳心向内。（做动作时吹一声短哨）

第二步：两臂前平举，右手握拳，左手为掌，朝向前方。（做动作时吹一声长哨）

（2）口令：全体注意，面向老师，分男女两路纵队——集合！

（3）动作展示：

哨声：短	哨声：长

2. 四路纵队集合手势

（1）动作要领：

第一步：右臂垂直上举，右手握拳，拳心向内。（做动作时吹一声短哨）

第二步：左手前平举四指打开，掌心向前。右脚向右迈一步。（做动作时吹一声长哨）

（2）口令：全体注意，面向老师，成四路纵队——集合！

第四章　MLS循环体能游戏课程的实施

（3）动作展示：

 哨声：短	 哨声：长

3. 某列横队集合

（1）动作要领：

第一步：左手握拳大臂与肩平行,小臂与大臂成90°。

第二步：右手五指并拢指侧平举,掌心向下与肩平行。

（2）口令：全体注意,面向老师,成某列横队——集合！

（3）动作展示：

 哨声：长

4. 自由活动

（1）动作要领：

第一步：双臂斜上举,五指张开。（做动作时吹一声短哨）

第二步：双手摇动,幼儿解散。（做动作时吹一声长哨）

（2）口令：自由活动——散开！

（3）动作展示：

哨声：短	哨声：长

5. 暂停活动

（1）动作要领：

第一步：左臂前平举，前臂内曲，五指并拢；上臂自然下垂前臂上曲，四指并拢，右手食指顶在左掌心处。（做动作时吹一声短哨）

第二步：保持动作，左方向做一次。（做动作时吹一声短哨）

第三步：保持动作，右方向做一次。（做动作时吹一声短哨）

（2）口令：暂停活动！

（3）动作展示：

哨声：短	哨声：短	哨声：短

6. 预备、出发

（1）动作要领：

第一步：立正姿势，右臂垂直上举，五指并拢，掌心向内。

第二步:上体正直,右臂向正前方挥下。(做动作时吹一声短哨)

(2)口令:预备——出发!

(3)动作展示:

|  哨声:短 |  哨声:短 |

7.活动结束

(1)动作要领:

第一步:立正姿势。(做动作时吹一声短哨)

第二步:鞠躬,拍手。(做动作时吹一声长哨)

口令:活动结束——小朋友们再见!

(3)动作展示:

|  哨声:短 |  哨声:长 |

三、幼儿基本动作技能要领与训练

(一)幼儿走步的动作要领

走时躯干要直,头摆正,眼看前方,自然挺胸,两臂前后自然摆动,摆臂时肘部稍弯曲与同侧腿运动方向相反。两脚依次向前迈步,后脚跟先着地,然后迅速过渡到前脚掌,与地面接触时脚趾向前(不向内或向外)。两脚落地要轻,步幅均匀。集体走时步调一致,保持适当的距离。幼儿行走时可给予口头提示,如向前看、自然摆臂、脚趾向前方、跟着线走等。如图 4-8 所示。

图 4-8 走步

(二)幼儿跑步动作要领

跑时躯干正直稍前倾,眼看前方。前脚掌着地自然跑,快跑时脚要用力后蹬向前奔跑,两脚左右距离不过宽。两臂屈肘于体侧,两手半握拳,拳眼向上,随下肢动作前后自然摆动。如图 4-9 所示。

图 4-9 跑步

第四章　MLS循环体能游戏课程的实施

（三）跨跳的动作要领

跨跳动作，要求膝盖稍微弯曲以吸收着陆然后延伸起飞，前脚起飞，对脚着陆；头和躯干正直，抬头，眼睛向前看；前腿对侧的手臂向前和向上伸直。在进行跨跳练习时可以给予孩子口头提示，如向前看、摆臂、大步、直腿、轻柔地落地等。如图4-10所示。

图4-10　跨跳

（四）立定跳远的动作要领

立定跳远在准备动作时要求脚踝、膝盖及臀部弯曲，手臂伸展到身后；跳跃时双脚均匀用力跳起，双腿伸直，双臂向前、向上摆动，上体向前倾斜约45°；落地时脚踝、膝盖及臀部弯曲以吸收着地的冲击力。练习时可口头提示，如屈膝、摆臂、身体前倾、伸手够天、用前脚蹬地轻轻落地等。如图4-11所示。

图4-11　立定跳远

（五）原地纵跳的动作要领

表 4-5　原地纵跳的动作要领

年龄阶段(岁)	发展阶段	发展特征	动作示范
3—5	起始阶段	准备姿势的蹲伏动作不协调连贯； 起跳时身体没有伸展； 缺乏双脚起跳的能力； 缺乏一定的跃起高度。	
4—7	初级阶段	膝关节弯曲蹲伏角度超过90°； 双脚起跳； 身体没有完全伸展； 手臂开始辅助用力和保持平衡； 着地时缺少平衡。	
5—8	成熟阶段	膝关节弯曲蹲伏角度在60°—90°之间； 起跳时整个身体完全伸展； 有控制地落地。	

（六）单脚跳的动作要领

　　支撑腿在着地时弯曲，然后伸直以产生推动力，摆动腿与支撑腿的节奏一起移动，起跳和着地时均用脚前掌；头部和躯干稳定，眼睛盯着前方；双臂弯曲摆动协助腿部动作。练习时口头提示，如摆臂、起跳前屈腿（膝）、摆动腿成L字形、同一个脚落地等。如图4-12所示。

（七）前滑步的动作要领

　　前滑步动作要求有节奏的、一脚腾空并落向接近另一只脚的地方，并且使用不对称的或者是不均匀的步法。连续前滑步是儿童接触的第一个不对称的动作技能，它是一种向前移动的动作。前滑步移动时，儿童双脚面向前方（行进方向），膝盖微弯曲，重心在前脚，尾随腿（后腿）在领先腿旁边，领先腿在尾随腿落地之前以有节奏的方式起飞；躯干、头部和眼睛面向前方(行进方向),手臂在肩膀高度。如图4-13所示。

图4-12 单脚跳

图4-13 前滑步

(八)侧滑步的动作要领

双脚脚尖朝向前方(不是行进方向),膝盖微微弯曲,重心在前引脚,后腿(跟随脚)落在前引脚(领先脚)的旁边,前脚在后脚落地之前以一定的节奏移动;躯干、头部和眼睛面向前方(不是行进方向)。侧滑步练习时可以给予孩子口头提示,如身体放松、膝盖稍微弯曲、两脚不要交叉、用前引脚带动后脚侧向移动等。如图4-14所示。

图 4-14　侧滑步

（九）垫步跳的动作要领

两腿单脚跳的连续交替、"踩—跳"动作节奏很明显、用前脚的跳推动身体向前移动、头部保持稳定，眼睛紧盯前方、手臂摆动和腿部相反。练习时可给予口头提示，如摆臂、踩—跳、保持节奏、屈膝—蹬伸等。如图 4-15 所示。

图 4-15　垫步跳

（十）双脚连续跳动作要领

准备时双腿自然弯曲，重心微微下蹲，双手后摆。起跳时双腿用力，同时双臂向前上方摆动。落地时要轻巧，双腿弯曲缓冲。双手后摆再次成准备姿势，进行下一次跳跃。要求动作灵活性、肢体协调性；提高动作节奏连贯性。如图 4-16 所示。

图 4-16　双脚连续跳

（十一）前滚翻动作要领

前滚翻由蹲撑开始。人重心前移，两腿蹬直离地，同时屈臂，低头、含胸、提臀，以头的后部在两手支点前着垫，依次经颈、背、腰、臀向前滚动。当滚至背部着垫时迅速收腹屈膝，人上体紧跟大腿团身抱膝成蹲立。如图 4-17 所示。

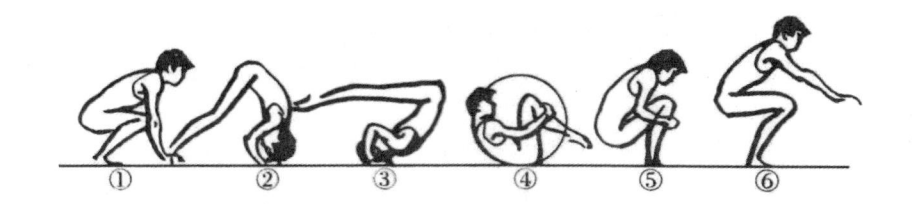

图 4-17　前滚翻

保护与帮助：帮助者蹲在练习者一侧，一手后扶其后背颈处，另一手抬臀推去；当练习者向前滚翻时，帮助者按其颈背，另一手帮助练习者蹬地，完成前滚翻动作。

（十二）跳马动作要领

由助跑开始，眼看器械，上体稍前倾，前脚掌触地，后腿充分蹬直，向前送髋跑动，动作协调，节奏清晰，摆臂均匀，步点准确。上板前最后几步上体自然抬起，两臂后引、摆动腿迅速前摆，蹬地腿积极蹬离地面，与摆动腿并拢，用前脚掌平行向前下方踏上助跳板，两腿积极缓冲，保持梗头、含胸、紧腰,上体稍前倾,同时两臂由后下向前快速摆臂并制动,配合两腿快速蹬板,获得较大的腾起力量。如图4-18所示。

图4-18 跳马

保护与帮助:保护与帮助者站在跳板前的练习者落点一侧,一只手在前另一只手在腰部挡扶。

(十三)侧手翻动作要领

由站立开始,两臂向前上方摆起,左腿前举向前跨出一大步成弓箭步,接着后腿向后上方摆起,同时上体积极下压,前腿蹬地摆起,同时左手在两脚延长线前手掌外展90°撑地并带动肩、头、身体向左转体90°,右手依次向前撑地经分腿倒立,接着左右手依次顶肩推手,一腿落地屈膝蹬直,另一腿侧伸落地成两臂侧举分腿站立姿势。如图4-19所示。

图4-19 侧手翻

保护与帮助:保护与帮助者站在练习者前跨腿的一侧,两臂交叉扶托练习者的腰部,随着其动作翻转给予助力,帮助其完成侧手翻动作。

第四章 MLS循环体能游戏课程的实施

（十四）跳绳基本动作要领

身体直立，两眼目视前方；起绳后大臂贴近身体两侧，小臂向身体中间收近；绳子打地时起跳；跳绳过程中膝关节微微弯曲；落地时前脚掌着地。

重点：双脚同时起跳，前脚掌轻巧落；难点：摇绳与起跳动作协调连续。

（十五）幼儿投掷的动作要领

以单手肩上挥臂为例：两脚前后开立，左脚在前。右手持投掷物屈肘于肩上，肘关节向前，眼看前方，然后蹬腿、转体、挥臂、甩腕用力将物体投出。

以双手抛投为例：两手在体前拿住投掷物，用摆臂、抖腕的力量将物体向前上方抛出，两臂用力要均匀。

采用球类的动作练习：小班宜以双手滚、抛球、原地拍球为主；中班在小班基础上增加接球、变化拍球、行进直线运球；大班再增加单、双手传、抛、接球、投准、曲线运球。

（十六）熟练接球手的动作要领

表4-6 熟练接球手的动作要领

阶段	熟练接球手的动作特征
准备阶段	用眼睛注视来球。
	根据来球的飞行特点，协调身体位置。
	双脚微分站立。
	在接球前，双臂放松置于体侧或体前。
接球阶段	移动双手截住来球，需根据物体的空间特征来精确的调整手指的位置； 接高球时，手指向上，接低球时手指则略微向下。
	手后移以缓冲。
	手指在恰当的时机抓住球。
	身体的重心从前向后转移。

（十七）熟练踢球者的动作要领

表 4-7　熟练踢球者的动作要领

阶段	熟练的踢球者的动作特征
准备阶段	连续助跑。
	触球前支撑腿大步或跨步动作。
	在球后侧或旁边的支撑点落脚。
	躯干稍向后倾。
用力阶段	踢球腿后摆，膝关节弯曲。
	用力摆腿顺序为先大腿，再小腿。
	触球时，伸腿。
	触球时，上身后倾。
后续动作阶段	由于踢球腿用力向前上摆动，经常导致支撑腿离地，表现出跳跃步，以缓冲力量。
	躯干后倾。
	手臂反向运动以减缓腿的力量。

（十八）熟练挥击动作时的动作要领

表 4-8　熟练挥击动作时的动作要领

阶段	挥击动作	
	体侧挥动球拍	用球棒挥击
准备动作阶段	把球拍沿水平方向后摆，即引拍。	身体侧转，两脚前后站立，重心在后腿上。
	侧对目标。	当双手做后引棒动作时，上步并将重心前移。
用力动作阶段	持球拍的异侧腿大步迈进准备击球。	持棒的异侧腿大步迈进准备击球。
	充分地向前挥击。	充分地向前挥击。
	躯干和腿部依次转动产生转动惯量。	躯体依次的转动产生转动惯量。
	将引拍、迈步、下肢与躯干的转动、挥臂、触球和后续动作连贯起来以产生最大的力量。	将引棒、迈步、下肢与躯干的转动、挥臂，触球和后续动作连贯起来以产生最大的力量。
	击球前伸展两臂。	击球前伸展两臂。
后续动作阶段	手臂挥动到身体的另一侧。	腕关节的滚动。
	身体的重心越过支撑腿。	球棒挥动到身体的另一侧。
		身体的重心移至前脚。

第二节　师范类高校 MLS 课程的实施路径

对于有意开展 MLS 课程的高校,可以从教学大纲的制定入手,结合本高校人才培养方案、课程开设情况、师资情况等多方面制订教学计划。本书将从教学大纲制定、教学活动安排的制定、MLS 教学内容的分类、幼儿基本动作技能动作要领、教学日历的制定方面提供案例,供大家参考。

一、教学大纲的制定

案例:××高校《幼儿体育活动实践》教学大纲
课程名称:幼儿体育活动实践
课程编号:×××××××
课程属性:专业必修课(专业选修课)
开课学期:第六学期
总学时:32 学时(实践学时:32 学时)
学分:2
面向对象:学前教育专业和体育教育专业
开课系部:学前教育系(体育教育系)

(一)课程教学目标

本课程是学前教育专业的专业必修课程,体育教育专业选修课程。
开设本课程,旨在培养德、智、体、美、劳全面发展,热爱幼儿体育事业,具备良好的科学精神和人文素养,能胜任幼儿体育教育等相关工作的高素质应用型人才。学生通过幼儿体育课程学习,具有先进的幼儿教育观和健康理念,系统掌握幼儿体育目标、内容和幼儿身心发展特点,保育和幼儿体育教育的基本理论、基础知识和基本技能,能依据幼儿体育教学的要求,设计、组织与实施、评价幼儿体育教育活动。

(二)课程教学内容与学习目标

本课程共 32 个学时,其中理论 6 学时,实践为 26 学时。以下为各学时内容与实践目标要求。

理论 1:幼儿身心发育特点

参考学时:2 学时

实践内容:幼儿身体发育特点

实践要求:通过介绍幼儿体育课程所需器材、课程设计的整体思路,介绍每个年龄段幼儿身体发育的特点,思考在每个年龄段如何通过体育活动促进幼儿的身心健康。

理论 2:幼儿体育教育的目标体系

参考学时:2 学时

实践内容:幼儿体育教育的目标体系。

实践要求:通过课上演示和学生模拟的形式,熟知幼儿体育的总目标,以及培养和发展运动能力、健康行为、体育品德的三个分目标,并且根据年龄阶段的特点提出具体的学习要求。

理论 3:幼儿体育课程的设计与实施

参考学时:2 学时

实践内容:幼儿体育课程设计的基本方法、流程和案例分析。

实践要求:通过案例分析的形式,让学生掌握幼儿体育课程设计的基本方法和流程。

实践 1:幼儿基本动作技能学习和训练

参考学时:6 学时

实践内容:设计幼儿基本动作技能三大领域游戏内容。

实践要求:通过学习和设计,掌握幼儿基本动作技能移动技能领域、操作技能领域、稳定技能领域的主要内容,以及三大领域内和领域间的游戏设计、组织和教学。

实践 2:幼儿基本运动技能学习和训练

参考学时:4 学时

实践内容:熟知幼儿基本运动技能分类以及各类技能的训练方法。

实践要求:了解和掌握幼儿基本运动技能的分类,掌握蹲类、推类、拉类、握类、转类、附身类、步态类、跑类、跳类、投类、踢类、翻滚和爬行技能的训练方法以及游戏化教学设计。

第四章　MLS循环体能游戏课程的实施

实践3：幼儿专项运动技能学习和训练

参考学时：6学时

实践内容：幼儿专项运动技能的选择、游戏化设计。

实践要求：掌握幼儿足球、篮球、跳绳的技术要求和训练方法以及游戏化教学的设计。

实践4：幼儿体能游戏的教学和训练

参考学时：4学时

实践内容：幼儿体能游戏的设计和教学。

实践要求：掌握幼儿协调性游戏、灵敏性游戏、速度游戏、力量游戏、亲子游戏的设计、组织和教学方法。

实践5：幼儿健身操舞的教学和训练

参考学时：4学时

实践内容：幼儿健身操舞的学习和创编。

实践要求：掌握幼儿基本体操的动作内容和要领，器械操、徒手操的编排和游戏化教学方法。

实践6：幼儿体质测试、运动创伤的防护和康复

参考学时：2学时

实践内容：幼儿体质测试、运动创伤的防护和康复的内容和方法。

实践要求：通过模拟教学和实际操作的形式，让学生掌握幼儿体质测试、运动创伤的防护和康复的内容和方法。

案例1：《幼儿体育活动实践》课程教学安排

表4-6　《幼儿体育活动实践》课程教学安排

周次	课　程　内　容	学时	备注
1	实践1：幼儿基本动作技能学习和训练 移动技能领域学习和训练	2	
2	实践1：幼儿基本动作技能学习和训练 操作技能领域学习和训练 稳定技能领域学习和训练	2	
3	实践1：幼儿基本动作技能学习和训练 MLS循环体育游戏设计与教学	2	
4	实践2：幼儿基本运动技能学习和训练 蹲类、推类、拉类、握类、转类、附身类、步态类、跑类、跳类、投类、踢类技能学习和教学	2	

续表

周次	课程内容	学时	备注
5	实践2：幼儿基本运动技能学习和训练 翻滚和爬行技能学习和教学	2	
6	实践3：幼儿专项运动技能学习和训练 幼儿篮球技术教学与训练	2	
7	实践3：幼儿专项运动技能学习和训练 幼儿足球技术教学与训练	2	
8	实践3：幼儿专项运动技能学习和训练 幼儿跳绳技术教学与训练	2	
9	实践4：幼儿体能游戏的教学和训练 协调性游戏、灵敏性游戏	2	
10	实践4：幼儿体能游戏的教学和训练 速度游戏、力量游戏、亲子游戏	2	
11	实践5：幼儿健身操舞的教学和训练 基本体操教学和训练	2	
12	实践5：幼儿健身操舞的教学和训练 器械操、徒手操教学和编排	2	
13	实践6：幼儿体质测试、运动创伤的防护和康复 幼儿基本体态评估 幼儿身体素质测评 幼儿基本运动技能测试 常见幼儿运动创伤防护和康复	2	
14	理论1：幼儿身心发育特点 幼儿体育器材的选择 幼儿生长发育规律 幼儿生理、心理发育特点	2	
15	理论2：幼儿体育教育的目标体系 幼儿体育的总目标 运动能力发展目标及具体学习要求 健康行为发展目标及具体学习要求 体育品德发展目标及具体学习要求	2	
16	理论3：幼儿体育课程的设计与实施 课程设计理论基础 课程设计内容 课程设计流程 课程案例分析	2	

第四章　MLS 循环体能游戏课程的实施

案例 2：《幼儿体育活动实践》课程教学安排

表 4-10　《幼儿体育活动实践》课程教学安排

周次	课 程 内 容	学时	器材
1	理论 1：幼儿身心发育特点 幼儿体育器材的选择 幼儿生长发育规律 幼儿生理、心理发育特点	2	
2	理论 2：幼儿体育教育的目标体系 幼儿体育的总目标 运动能力发展目标及具体学习要求 健康行为发展目标及具体学习要求 体育品德发展目标及具体学习要求	2	
3	理论 3：幼儿体育课程的设计与实施 课程设计理论基础 课程设计内容 课程设计流程 课程案例分析	2	
4	实践 1：幼儿基本动作技能学习和训练 移动技能领域学习和训练 （1）什么是基本动作技能，分类，分类里包含的动作 （2）移动技能领域： 走的技术：躯干直、向前看、自然摆臂、脚趾指向前、脚跟先着地、步幅均匀。 跑的技术：躯干正直前倾、眼看前方、前脚掌着地、蹬地前跑、左右脚距离不过宽、双手半握拳、拳眼跟上、随下肢动作自然摆动 跨步跳：膝盖弯曲，前脚起飞，对脚着路，头正直，眼前看，躯干正直向前倾，手臂向前向上伸（前看、大步、直腿、轻柔落地） 立定跳远：准备阶段屈膝后摆，起跳阶段蹬地向上摆手，身体前倾 45°，腾空阶段手臂向下后摆，提腿屈膝，落地缓冲，脚后跟先着地，臀部走弧线 纵跳：屈膝 60°—90°，起跳后身体完全伸展，有空的落地缓冲 单脚跳：支撑脚保持平衡，完全伸展，着地缓冲上体前倾，脚全掌着地 前滑步：动作流畅有节奏感、区分前后腿、后腿着地在前脚旁或后，引导腿屈膝弯曲 垫步跳：节奏性的中心前移，有限的垂直运动，减少手臂动作，前脚掌起落，跳跃时支撑脚稍微离开地面 移动技能类动作和游戏设计： ①抓脚前行：双手抓住脚尖弓背向前走（走 2 米及以上） ②跨越走（跑）：行走或者跑，跨越 40 厘米高的障碍，膝盖不接触障碍 ③背部前行：沿着 2 厘米宽的直线向后走 ④走平衡木：2 秒走完 1 米长的平衡木，或者其他标准 ⑤转换跑：从起点往前跑，到达中点分别进行左右 90°、前后 180° 变向跑	2	标志盘

续表

周次	课 程 内 容	学时	器材
	⑥跳绳：能够连续完成3次跳绳（一般5岁及以上完成） ⑦双脚前行跳：双脚同时跳过40厘米的障碍 ⑧跳远：立定跳远80厘米以上（可根据年龄不同要求不同） ⑨仰首伸掌走：仰着头双手手心向上胳膊伸直，前行2米，后退1米，左右移动往复2米（可单独进行也可复合进行） 移动类游戏：铁烧饼游戏；喊团报数游戏		
5	实践1：幼儿基本动作技能学习和训练 （1）操作技能领域学习和训练： 推进运动：扔、踢、踢悬空球、击打、垒、跳、卷、转 接受运动：接、拿、捕获 投掷技术：单手投、双手投 抛接球技术：单手、双手、互抛互接 运球技术：单手、双手交替 传接球技术 踢球技术 挥击球技术：单手、双手 操作技能类游戏： 击掌抢球（沙包）游戏、上抛123口号游戏 （2）稳定技能领域学习和训练： 中心轴型：弯曲、伸展拉伸、扭转、旋转、摆动 姿势关系型：直立平衡、转换平衡、旋转、开始动作、结束动作 平衡动作技术、单脚站立技术、支撑类技术 稳定类游戏： ①站立体前屈：上体弯曲，双手中指触及地面 ②陀螺转：用一只脚转一圈 ③平衡木转换：在平衡木上进行180°、360°方向转换 ④V字形均衡：躺下做V字形，保持3秒以上 ⑤单脚站立：用一只脚站立3秒以上 ⑥踮脚站立：双脚脚后跟抬起，用脚前掌站立保持3秒 ⑦坐起：不用双手，坐在地面后站立起来 ⑧前滚翻：侧身翻、前滚翻动作，连续2次 ⑨突停：用力跑出，突然停止保持站立姿势 ⑩躲避球：躲避飞来的沙包 丢沙包躲避游戏；	2	网球 网球拍

第四章　MLS 循环体能游戏课程的实施

续表

周次	课 程 内 容	学时	器材
6	回顾移动、操作、稳定领域动作技能 实践 1：幼儿基本动作技能学习和训练 MLS 循环体育游戏设计与教学： （1）讲解一下 MLS 设计思路 （2）MLS 循环体育游戏示范 1 个： 移动类：托白纸接力，面对面两支队伍，循环往复 操作类游戏：互抛互接网球（沙包） 稳定类游戏：单脚左右跨训练环往复跳（类似足球运动员稳定性训练） （3）分组设计和展示，教师纠错和提升	2	标志盘网球
7	实践 2：幼儿基本运动技能学习和训练 蹲类：徒手深蹲、前架位蹲动作方法、过头支撑蹲、高杠位后蹲，讲解和练习以上动作方法 推类：俯卧撑、肩部推举、肩部借力推举，讲解以上动作方法 拉类：硬拉、单杠划船，讲解和练习以上动作方法 握类：抓握练习、单杠悬吊，讲解和练习以上动作方法 转类：颈椎旋转、胸椎旋转、腰椎旋转、髋部旋转，讲解和练习以上动作方法 俯身类：坐位体前屈、俯身划船，讲解和练习以上动作方法 另外还有：步态类、跑类、跳类、投类、踢类技能（作为了解） 以上动作相关的小游戏 3 个（示范） 分组设计和展示，教师纠错和提升	2	横杆
8	实践 2：幼儿基本运动技能学习和训练 翻滚：横向滚翻、前滚翻、后滚翻、侧手翻，讲解和练习以上动作方法，另外还有倒立后滚翻、头手翻等作为了解 爬行技能：四肢爬行、直腿爬行、蚂蚁爬行、熊爬行、猴爬行、匍匐前进，讲解和练习以上动作方法，另外还有虫爬行、背爬行等作为了解 以上动作相关的小游戏 3 个（示范） 分组设计和展示，教师纠错和提升	2	
9	实践 3：幼儿专项运动技能学习和训练 幼儿篮球技术教学与训练	2	
10	实践 3：幼儿专项运动技能学习和训练 幼儿足球技术教学与训练	2	
11	实践 3：幼儿专项运动技能学习和训练 幼儿跳绳技术教学与训练	2	
12	实践 4：幼儿体能游戏的教学和训练 协调性游戏、灵敏性游戏	2	
13	实践 4：幼儿体能游戏的教学和训练 速度游戏、力量游戏、亲子游戏	2	

续表

周次	课 程 内 容	学时	器材
14	实践5：幼儿健身操舞的教学和训练 基本体操教学和训练	2	
15	实践5：幼儿健身操舞的教学和训练 器械操、徒手操教学和编排	2	
16	实践6：幼儿体质测试、运动创伤的防护和康复 幼儿基本体态评估 幼儿身体素质测评 幼儿基本运动技能测试 常见幼儿运动创伤防护和康复	2	

（三）说明

1. 本课程与其他课程的相互关系

先修课程：学前儿童保育学、学前心理学、学前教育学、体育教学方法后续课程：学前儿童社会教育、体育教学策略与设计、体育心理学、人类动作发展概论。

2. 课程的教学方法与手段

教学方法：实践教学以学生为主体，成立学习小组，教师提供组织方法和理论支持，分配项目任务，指导学生进行活动选择、设计、实施、指导、评价。

教学手段：实践教学、模拟操作。

3. 实践教学环境（实验室、设备和软件）

运动场。

4. 课程自主学习和课外实验课时

4课时。

5. 课程考核方法与要求

课程考核方法：考查

考核要求：提倡淡化一次考试、注重全过程的理念。期末总评中，平时成绩占30％，考核内容有：学生出勤、课堂表现、作业完成情况及平时随堂检测情况；期末考试占70%。

6. 作业要求：

每章结束均应布置相应作业。

7. 教材选用及推荐参考书

（1）选用教材

韩春远、王卫星主编《体能训练理论与实践》。

动艺星幼儿体育课程体系。

（2）推荐参考书

人民教育出版社课程教材研究所体育课程教材研究开发中心主编，《人类动作发展概论》，人民教育出版社，2008年。

张振华主编，《体育教学策略与设计》，北京师范大学教育出版社，2012年。

毛振明、何平主编，《体育趣味课课练1260例·第一册》，北京师范大学教育出版社，2014。

麦少美、孙树珍主编，《学前儿童健康教育活动指导》，复旦大学出版社，2015年5月第3版。

陈琦主编，《体质健康评价与运动处方》，高等教育出版社，2015。

二、MLS教学内容的分类

案例：MLS幼儿动作发展领域分类与教学设计

（一）移动运动领域

1. 分类

（1）单纯移动运动：走、跑、跳（原地跳、行进间跳、往复跳）。

（2）复合移动运动：快速的、变化的、跳过的、攀爬的。

2. 种类（例子）

（1）抓脚前行：双手抓住脚尖弓背向前走（走2米及以上）。

（2）跨越走（跑）：行走或者跑，跨越40厘米高的障碍，膝盖不接触障碍。

（3）背部前行：沿着 2 厘米宽的直线向后走。

（4）走平衡木：2 秒走完 1 米长的平衡木，或者其他标准。

（5）转换跑：从起点往前跑，到达中点分别进行左右 90°、前后 180° 变向跑。

（6）跳绳：能够连续完成 3 次跳绳（一般 5 岁及以上完成）。

（7）双脚前行跳：双脚同时跳过 40 厘米的障碍。

（8）跳远：立定跳远 80 厘米以上（可根据年龄不同要求不同）。

（9）仰首伸掌走：仰着头双手手心向上胳膊伸直，前行 2 米，后退 1 米，左右移动往复 2 米（可单独进行也可复合进行）。

（10）其他类型的移动型动作。

（二）稳定运动领域

1. 分类

（1）中心轴型：弯曲、伸展拉伸、扭转、旋转、摆动。

（2）姿势关系型：直立平衡、转换平衡、旋转、开始动作、结束动作。

2. 种类（例子）

（1）站立体前屈：上体弯曲，双手中指触及地面。

（2）陀螺转：用一只脚转一圈。

（3）平衡木转换：在平衡木上进行 180°、360° 方向转换。

（4）"V 字型"均衡：躺下做 V 字型，保持 3 秒以上。

（5）单脚站立：用一只脚站立 3 秒以上。

（6）踮脚站立：双脚脚后跟抬起，用脚前掌站立保持 3 秒。

（7）坐起：不用双手，坐在地面后站立起来。

（8）前滚翻：侧身翻、前滚翻动作，连续 2 次。

（9）突停：用力跑出，突然停止保持站立姿势。

（10）躲避球：躲避飞来的沙包。

（11）其他相关动作。

(三)操作运动领域

1. 分类

(1)推进运动:扔、踢、踢悬空球、击打、垒、跳、卷、转。

(2)接受运动:接、拿、捕获。

2. 种类(例子)

(1)单手投:用一只手投网球(或者其他的东西)5米以上。

(2)双手投:用双手投网球(或者其他东西)3米以上。

(3)单手投准:单手用网球击倒设置的目标。

(4)双手投准:双手用网球击倒设置的目标。

(5)踢原地球:用脚踢原地静止的球。

(6)踢运动球:用脚踢滚过来的球。

(7)单手推球:单手向前推球。

(8)双手推球:双手向前推球。

(9)单手推准:单手推球击倒设置的目标。

(10)双手推准:双手推球击倒设置的目标。

(11)弹球:连续弹球3次以上。

(12)抛球:向上抛球或者其他东西。

(13)接球:接住上方或者前方来球或者其他东西。

(14)停球:用脚停住前方来球。

(15)其他相关动作。

三、MLS教学内容的实施

(一)幼儿基本动作技能动作要领

对于幼儿基本动作技能的动作要领,具体参见本书"第四章、第一节幼儿园MLS课程实施路径"中第三大点:幼儿基本动作技能要领与训练。

（二）教学日历的制定

××大学

课程教学日历

（2021——2022 学年 第二学期）

课 程 名 称：__幼儿体育活动实践__
任 课 教 师：____×××____
教师所在单位：____××学院____
授 课 对 象：____×××班____

××大学教务处编印

教学日历填写说明：

（1）教学日历是教师组织课程教学的具体计划表，应明确规定教学进程、授课内容提要、各种教学环节、方式、课外作业的安排等；

（2）实验课要写明实验名称，实验学时数；独立开设的实验课教学日历中还必须写明实验内容；习题课、课堂讨论和其他环节要注明题目和学时数；

（3）公共课集体备课的课程，应在教学日历备注栏注明；

（4）多名教师上同一班级同一门课程，应在教学日历中标明各个教师所讲授内容；

（5）国庆节、五一节假期中不应安排教学内容；要在教学内容处写国庆节或五一放假。

（6）学生劳动实践周不应安排教学内容；要在教学内容处写学生劳动实践周；

（7）教学日历中课程名称应与教学方案中对应课程名称一致；

（8）教学日历一式三份，经教务员、主管教学主任签字后，任课教师

留一份,另两份交教师所在系(部)和教务处备案,并由教师所在系(部)及教务处负责检查、归档;

(9)教学日历必须认真填写,在每学期第一周内交开课系(部)及教务处备查。教学日历一经制订,不应出现大的变动,但允许主讲教师在完成课程教学大纲规定的教学要求前提下,进行必要的调整,以适应不断出现的新情况,如有变动,须经系(部)主任审查批准,并报教务处备查;

(10)教学执行情况由检查人员根据检查情况填写,检查人员每学期检查次数应不低于四次。

表4-11 课程基本信息

课程名称	幼儿体育活动实践		课程编号	××××	课程性质	必修
上课周数	18	周学时	2	学分数	2学分	
课堂讲授	14学时	见习	4学时	课程实习	学时	
授课系、专业、年级、班级			上课时间(周)、地点(号教学楼 室)			
×××班			周一 足球场			
×××班			周二 足球场			
×××班			周四 足球场			
任课教师		姓名	开课教师编号	开课教师职称	承担学时	
	主讲教师	××	×××××	××	36	
	助教					
	实验、实习教师					
教材及主要参考资料	(1)人民教育出版社课程教材研究所体育课程教材研究开发中心主编,《人类动作发展概论》,人民教育出版社,2008。 (2)张振华主编,《体育教学策略与设计》北京师范大学教育出版社,2012。 (3)毛振明、何平主编,《体育趣味课课练1260例·第一册》,北京师范大学教育出版社,2014。					

续表

周　次	学时数	课堂讲授 教学内容摘要（章节名称、讲述的内容提要、课堂讨论的题目等）	实验、课程实习及其他 内容及时间、地点	教学执行情况
第一周	2	实践1：幼儿基本动作技能学习和训练 移动技能领域学习和训练	田径场	
第二周	2	实践1：幼儿基本动作技能学习和训练 操作技能领域学习和训练 稳定技能领域学习和训练	足球场	
第三周	2	实践1：幼儿基本动作技能学习和训练 MLS循环体育游戏设计与教学	足球场	
第四周	2	实践2：幼儿基本运动技能学习和训练 蹲类、推类、拉类、握类、转类、附身类、步态类、跑类、跳类、投类、踢类技能学习和教学	足球场	
第五周	2	实践2：幼儿基本运动技能学习和训练 翻滚和爬行技能学习和教学	足球场	
第六周	2	实践3：幼儿专项运动技能学习和训练 幼儿篮球技术教学与训练	足球场	
第七周	2	实践3：幼儿专项运动技能学习和训练 幼儿足球技术教学与训练	足球场	
第八周	2	实践3：幼儿专项运动技能学习和训练 幼儿跳绳技术教学与训练	足球场	
第九周	2	实践4：幼儿体能游戏的教学和训练 协调性游戏、灵敏性游戏	足球场	
第十周	2	实践4：幼儿体能游戏的教学和训练 速度游戏、力量游戏、亲子游戏	足球场	
第十一周	2	实践5：幼儿健身操舞的教学和训练 基本体操教学和训练	足球场	
第十二周	2	实践5：幼儿健身操舞的教学和训练 器械操、徒手操教学和编排	足球场	

第四章 MLS循环体能游戏课程的实施

续表

周次	学时数	课堂讲授 教学内容摘要（章节名称、讲述的内容提要，课堂讨论的题目等）	实验、课程实习及其他 内容及时间、地点	教学执行情况
第十三周	2	实践6：幼儿体质测试、运动创伤的防护和康复、幼儿基本体态评估、幼儿身体素质测评 幼儿基本运动技能测试 常见幼儿运动创伤防护和康复幼儿身体素质测评 幼儿基本运动技能测试 常见幼儿运动创伤防护和康复	足球场	
第十四周	2	幼儿园见习：幼儿体育课堂常规与教学	足球场	
第十五周	2	幼儿园见习：幼儿身体素质、基本动作技能测评	足球场	
第十六周	2	幼儿园见习：幼儿身体素质、基本动作技能测评	足球场	
第十七周	2	期末考核	足球场	
第十八周	2	期末考核	足球场	
第十九周	n			
第二十周	n			
备注				

教务员签名：_____ 主管教学系主任签名：_____

____年__月__日   ____年__月__日

第三节　幼儿体育培训机构 MLS 课程的实施路径

MLS 课程可以作为儿童体育培训机构的教学内容，在前期的研究与实践中，也有相关幼儿体育培训机构采用此内容或作为其教学体系下的一部分，取得了良好的效果。本书将从实施内容和效果两个方面来进行阐述。

一、实施内容

（一）建构幼儿体适能教育理念

遵循幼儿身心发展规律，对幼儿体适能进行了内涵重构与外延拓展，建构了幼儿体适能教育理念。通过系统、专业、有效的课程体系，在强健体魄的同时，加速血液循环，改善大脑的供氧情况，促进神经系统和脑功能的改善，为智力活动奠定良好的基础；幼儿通过在运动中真实的身体、感官、情感等体验，促进幼儿心理健康发展和品格意志的培养。明确体育在幼儿身心健康、大脑发育、意志品质和兴趣培养等方面的独特作用，为教育实践奠定理论基础。

（二）基于 MLS 课程，建构"学、研、创"完整的幼儿体育师资培训体系

通过入园培训、园本教研、现场观摩交流、高峰论坛、赛事活动和利用信息化平台进行的专家指导、优质课评比等多种形式，对教师进行体育教学观、体育专业知识与技能、体育活动策略、体育教研等全方位体育素养的提升。

（三）帮助建立"常规—专项—综合"三维交互的课程结构

常规部分幼儿通过钻、爬、走、跑、跳、推、拉、翻滚、投掷、抛接、悬垂、旋转、攀爬、支撑、平衡、躲闪16大基本动作和87项分项动作的发

第四章　MLS 循环体能游戏课程的实施

展,为幼儿现阶段的生理成长和动作技能发展提供保障,为今后学习更多、更复杂的动作技能打下基础。专项部分包含篮球、足球、跳绳三项运动,在全身运动的基础上,通过上肢(篮球)、下肢(足球)和上下肢(跳绳)的锻炼,促进幼儿优势肢体与非优势肢体均衡发展,达到健身、健体、健脑、健心的效果,实现个人与集体的完美融合,使幼儿在比赛中发扬了集体主义精神,为"终身体育"发展奠定基础。综合部分存在于每周五,以周赛道、月赛道、学期赛道闯关的形式展开。针对周、月、学期所学内容幼儿进行巩固练习,教师进行班级观察记录、管理者进行目标达成评估。

二、课程实施效果

(一)可以强化完善幼儿园体育活动目标

对于幼儿园来说,最大的改变莫过于以前的体育活动是枯燥乏味、漫无目的。现在的体育活动是系统、科学和有趣的。

(二)可以提升幼儿体育教师教学素养

从知识技能、教学技能、教学评价等方面加强提升幼儿体育教师教学素养。知识技能方面:(1)教师对体育专业技能与知识的掌握程度明显提高,为后续体育教学的开展夯实了基础;(2)教师加深了对"五段式"课程形式的了解,对课程各环节的把控力增强。教学技能方面:(1)结合《幼儿体适能教师指导用书》,教师在体育教学设计、备课、制定教案等方面的能力显著提升;(2)教学过程中,教师与幼儿有效沟通、积极互动、课堂气氛也更活跃。教学评价能力方面:(1)教师能够根据本班幼儿的具体情况,适时调整教学方案,体适能课程的应用更加灵活,更有针对性;(2)逐步打造园所幼儿体适能教研团队,教师教学开始由被动接受向主动创新转变。

(三)全面提升幼儿身体素质与适应能力

MLS 课程的开展可以科学有效地提升幼儿身体素质与适应能力,促进幼儿体质健康的发展。身体素质方面:幼儿身体指标与动作技能的测评成绩都有不同程度的提升;各项动作技能掌握扎实,运动能力增强;幼儿骨骼发育、肌耐力、心肺耐力大大增强;神经系统的调节功能改善，弹跳力、体耐力、灵巧性、协调性、距离感等增强；呼吸系统、血液循环系统和消化系统的机能状况增强。适应能力方面：幼儿体温调节能力增强，环境适应能力与抵抗力增强，饮食量增加，生病次数减少。幼儿园出勤率大幅增长；幼儿在运动中的自我保护能力增强；幼儿在户外体育活动中表现得越来越勇敢，当遇到新的挑战时，越来越多的孩子选择尝试，而不是逃避；通过不断挑战成功所获得的成就感，提升了幼儿的自信心；团队运动项目，让幼儿在实践中体会团队的力量，团队协作能力明显提升；充足的运动后，孩子学习更专注。兴趣与习惯方面：丰富的游戏与运动项目让幼儿在运动中找到了自己的兴趣，爱上运动；除了幼儿园正常运动外，还有部分孩子将幼儿园的运动项目延伸到校外生活中，养成每周运动的好习惯，并带动家长一起运动。

第五章　幼儿MLS循环体能游戏教学案例

第一节　小班课程案例

案例1 敏捷的"小猎豹"

游戏目标：

初步掌握快速跑的基本技术动作,能够快速跑通过一定的距离。

初步建立规则意识,知道遵守游戏规则。

基本能够完成对物品的抛接动作,具备初步的操控能力。

游戏准备：

幼儿篮球30个,音响1个。

动一动：

小朋友们在欢快的音乐声中,做快速小步跑,后踢腿等热身运动,充分活动关节和肌肉。

学一学：

1. 移动领域

小朋友们全部变身成为"小猎豹"去追逐"猎物"（篮球）,老师从起点将"猎物"扔出,"小猎豹"要以最快的速度出发去捉住"猎物"吧！

2. 稳定领域

"小猎豹"要学会隐藏自己去捕捉猎物,当听到老师坐下的口令时,"小猎豹"快速坐下停止前进,当听到起立的口令时,起立后再次前进。

3. 操作领域

"小猎豹"将抓到的"猎物"抛给自己的同伴,并接住同伴抛来的"猎物",看看谁抛得高,接得稳。

想一想：

今天"小猎豹"捉了"猎物"，那哪位"小猎豹"捉住的"猎物"最多呢，大家要为最棒的"小猎豹"鼓励一下吧，其他的"小猎豹"也非常棒，也给自己鼓励一下吧！

注意事项：

"小猎豹"去捕捉"猎物"的过程中做到 2 人一组。老师扔出"猎物"时要注意时机和空间的利用。

家园链接：

家长和小朋友进行"抢凳子"游戏，一人当裁判，两人或多人围绕凳子保持一定距离转圈圈并唱歌，当听到裁判"抢"的口令时，迅速抢占凳子坐下。

案例 2 运"萝卜"的"小兔子"

游戏目标：

初步掌握双脚跳的基本技术，提高下肢力量和协调性。

能够基本控制物体向目标位置移动。

知道对锻炼时的身体感觉做出基本反应。

游戏准备：

训练环 12 个，体能环 10 个，大龙球 10 个，音响 1 个。

动一动：

在欢快的音乐声中，小朋友跟随老师围绕场地转圈，边走边模仿教师做后踢腿、兔子跳等仿生动作。

学一学：

1. 移动领域

我们都是"小兔子"，小朋友们模仿老师的动作依次双脚跳进跳出训练环。

2. 稳定领域

"小兔子"乘船(体能环)过河,有浪花拍打在船上,听到教师喊"浪来啦",两个小朋友手牵手,并且双脚提踵站立,完成2人2足站立,视为躲避浪花。

3. 操作领域

"小兔子"站在河两岸,给同伴送大萝卜(大龙球),将大龙球用力推到对方前。

想一想：

今天我们成了"小白兔"，我们做了双脚跳，两人合作提踵躲避了浪花，还给我们的朋友送了大萝卜。接下来，我们捏捏小胳膊，拍拍小屁股，捏捏小腿。小朋友们再见啦。

注意事项：

小朋友在进行提踵练习时，教师要做好监督保护。

多对小朋友进行鼓励，埋下自信的种子。

家园链接：

尝试跟家长用不同的球（如皮球、气球、实心球等）进行推球游戏。

家长带领小朋友跟随《兔子舞》音乐跳兔子舞。

案例3 欢乐"小海狮"

游戏目标：

掌握爬行的基本技术，提高身体协调性。

学会直体翻滚动作，发展控制身体的能力。

提高上肢对物体的操控能力，培养协同合作意识。

游戏准备：

幼儿篮球20个，体操垫10块，音响1个。

动一动：

在欢快的音乐声中，老师带领小朋友们做双脚跳，开合跳等练习。

学一学：

1. 移动领域

小朋友变身成为"小海狮"，在老师的带领下手、膝着地向前爬行。期间播放不同节奏的音乐，小朋友根据音乐的节奏进行快慢节奏变化的爬行。

2. 稳定领域

小朋友分组并排躺在垫子上，在老师的指令下模仿"小海狮"在垫子上直立翻滚。滚动过程中身体处于紧绷状态，看看哪个"小海狮"滚动得又快又远。

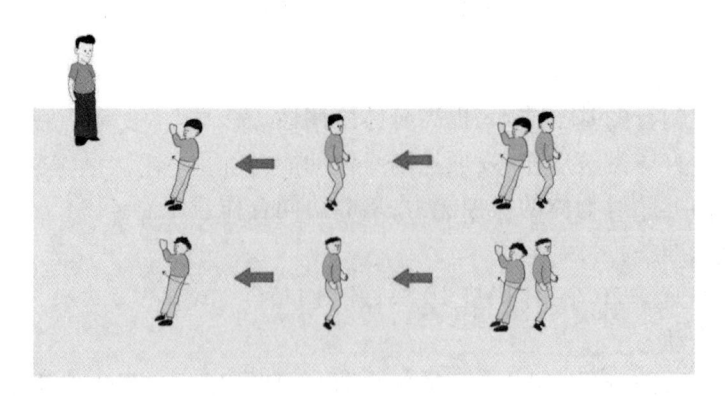

3. 操作领域

两个"小海狮"一组,相距 3 米面对面趴在地面上,双手用力将球推向对面的小朋友,下巴和双手不要着地。

想一想:

小朋友两人一组,手拉手互相甩动手臂,扭扭腰拍拍屁股加以放松,并向小朋友提问:"今天我们跟小海狮一起玩了游戏,小朋友们练习了爬行、翻滚、推球,小朋友们玩得开心吗?小朋友们让我们下节课再见!"

注意事项:

爬行时应在较软的及平整的地面上进行,注意保护幼儿膝关节。

家园链接:

家长做手膝爬行准备姿势,小朋友在家长身下准备,两人同时向前爬行一段距离。

家长做倒"V"字形支撑(手脚着地,臀部抬起),小朋友从家长身下手膝爬过,随后家长趴在地上,小朋友从背部上方翻越返回并继续游戏。

案例 4 顽皮的"小猴子"

游戏目标:

初步掌握纵跳技能并能够基本完成原地纵跳。

提高上肢力量,能够完成基本悬垂动作。

能够基本完成投掷技术,并具有初步的操控能力。

游戏准备:

气球 30 个,单杠 2 个,沙包 30 个,音响 1 个。

动一动：

在欢快的音乐声中，老师带领小朋友做跑、跳、蹲等动作，充分活动肌肉和关节。

学一学：

1. 移动领域

小朋友扮演"小猴子"，头顶有一个"桃子"（一个固定好的气球），"小猴子"向上跳跃单手碰触"桃子"，看看哪个"小猴子"碰的桃子次数最多。

2. 稳定领域

"小猴子"双手抓"树枝"（单杠），比比看谁坚持时间长。

3. 操作领域

两只"小猴子"面对面站在河对岸,相距约 3 米,互相扔"桃子"(沙包),比比看谁接到的"桃子"多。

想一想:

小朋友甩甩手臂,手握拳锤一锤自己的手臂。小朋友们,今天我们与小猴子一起进行了比赛,谁摘的桃子多,谁坚持时间长,谁表现最棒呀,我们一起表扬一下!

注意事项:

加强悬垂时的保护辅助,单杠悬垂时间不宜过长。引导"小猴子"扔桃子时使用基本投掷动作。

家园链接:

家长伸直手臂扶住墙面,小朋友双手抓住悬垂,看看能坚持多长时间。

案例 5 我们去"赶海"

游戏目标:

初步建立滑步意识,基本能区分左右。

能够完成较少关节参与的屈伸与扭转动作。

初步认识协同与合作,了解协同合作。

游戏准备:

平头标志桶 12 个,海洋球 50 个,音响 1 个。

动一动:

在欢快的音乐声中,小朋友们小手搭在前面小朋友的肩上,跟着老师一起跳《兔子舞》,在蹦蹦跳跳充分热身。

学一学:

1. 移动领域

小朋友在老师的带领下模仿"小螃蟹"做滑步练习,利用滑步通过并触摸摆放成 Z 字型的标志桶。

2. 稳定领域

小朋友并腿坐于地面,将标志桶放在大腿上,老师发出口令"前—后",小朋友根据口令模仿"小虾"动作来回推拉标志桶,练习坐位体前屈。

3. 操作领域

老师将"贝壳"(海洋球)随机摆放在场地上,小朋友们3人一组分别负责"捡贝壳""运贝壳""存贝壳",培养小朋友们的分工、合作意识。

想一想:

小朋友们坐下来,伸伸懒腰,摇摇小腿。我们今天来到了"海边",变成了小螃蟹学习了滑步,变成了小虾,练习的坐位体前屈,还捡了小贝壳。大家开不开心啊?好了,那让我们说再见吧!

注意事项:

注意移动方向的变化,拉伸时的动作幅度。

操作领域注重现场秩序的维护,避免造成混乱受伤现象。

家园链接:

小朋友和家长进行侧滑步搬运比赛,将家里的玩具、零食等作为物资,设置起点和终点,家长和小朋友用侧滑步来移动进行"物资抢夺",但是在家要注意安全哦。

案例6 穿山越岭

游戏目标:

能以稳定的速度进行踮脚走、双脚跳、快速跑,并能通过一定距离。

能够沿固定直线或在较窄的低矮物体上行走一段距离。

在成人的帮助下,勇敢完成新的挑战。

游戏准备：

儿童跳箱2组，低矮的平衡木2套，体能环6个，足球6个，音响1个。

动一动：

在欢快的音乐声中，小朋友们跟随老师，跟随音乐节奏跳徒手操，充分活动关节，唤醒肌肉。

学一学：

1. 移动领域

今天我们去找我们的好朋友跳跳虎，他住在大山里，我们带着礼物翻越前面的山（跳箱）去看望他吧！

2. 稳定领域

跳跳虎有一个本领，非常厉害小朋友想不想学习一下呢？快看！跳跳虎可以快速走过独木桥（平衡木），让我们也试试吧？

3. 操作领域

跳跳虎的家受到了大蜘蛛(足球)的攻击,快和跳跳虎一起用脚把他们踢到垃圾桶(体能环)!

想一想:

我们今天翻山越岭去找到了我们的好朋友跳跳虎,还跟他学习了走独木桥的本领,也帮助了他保卫家园,让我们坐下一起甩甩胳膊,敲敲腿,好啦,小朋友们要回家啦,我们下次见!

注意事项:

走平衡木时需要老师的保护和帮助,注意小朋友们的动作。

翻越跳箱时应注意加强保护,防止小朋友摔倒。

家园链接:

家长将气球系在晾衣架上,然后家长与孩子共同头顶球,可通过比赛的形式增强趣味性。

案例 7 "刺猬"探险

游戏目标:

基本能够完成对物体的投、接等动作,具有初步的操作能力。

了解最基本的安全常识,如红灯停、绿灯行。

能够在成人的提醒下知道遵守游戏规则。

游戏准备:

训练环 10 个,底座 10 个,沙包 30 个,标志桶 8 个,音响 1 个。

动一动：

在欢快的音乐声中，小朋友们跟随老师进行老鹰捉小鸡的游戏，进行课前热身，并激发小朋友上课的兴趣与热情。

学一学：

1. 移动领域

老师带领"小刺猬"钻过"山洞"（立在底座上的训练环）。

2. 稳定领域

"小刺猬"钻出山洞，前方便是大马路，"小刺猬"想要过马路就要通过红绿灯，当看到红色标志桶，"小刺猬"就要停止移动，看到绿色标志桶前进通过马路。

3. 操作领域

"小刺猬"通过马路,来到了果园里,"果子"(沙包)都成熟了,会从树上掉下来,"小刺猬"便要用自己身上的"刺"(标志桶)接住"果子"(沙包)。

想一想:

"小刺猬"经过了一天的探险,回到了家,那今天"小刺猬"都做了什么呢?首先是钻过了山洞,然后过了马路,最后摘了果子,充实的一天就要结束了,"小刺猬"们来放松一下吧!

注意事项:

可以让小朋友自主探索钻山洞的方式,培养小朋友的自主思考能力。

家园链接:

家长和小朋友用头顶气球,看谁顶的多,坚持的时间长。

案例8 "熊猫"运动会

游戏目标:

具有基本的攀爬能力。

具有基本的移物、投掷的能力。

能够进行短距离的躲闪,且具备自我保护意识。

游戏准备:

渐进跳箱2套,体操垫2个,沙包10个,赶球杆5个,幼儿篮球5个,音响1个。

动一动：

在欢快的音乐声中，小朋友跟着老师玩"123 木头人"的游戏，充分活动身体关节，激发小朋友上课的兴趣。

学一学：

1. 移动领域

我们的大熊猫有一个很强的本领，就是能爬得高，小朋友们快来和大熊猫比一比，谁能快速依次爬上渐进跳箱后跳到垫子上吧！

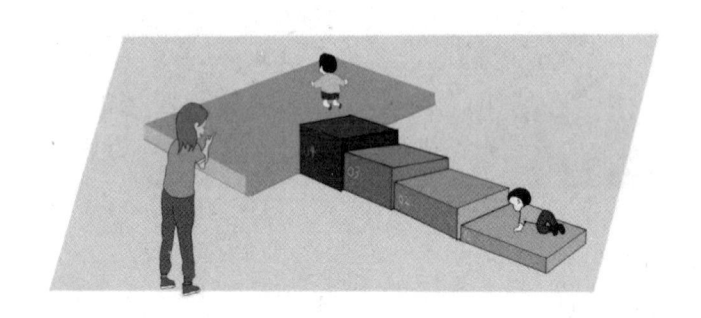

2. 稳定领域

大熊猫虽然胖胖的可是很灵活呢，沙包雨要来了，小朋友们要灵活躲避哦。

3. 操作领域

大熊猫的动手能力也很强，小朋友们快和大熊猫一起，快速将球赶到家里吧！

第五章　幼儿 MLS 循环体能游戏教学案例

想一想：

我们今天和大熊猫来了一次运动会,和熊猫比赛了攀爬、灵活躲避和快速赶球,大家都很棒,给自己鼓鼓掌吧！我们来甩甩小胳膊,捏捏小腿,小朋友们再见啦。

注意事项：

小朋友在使用攀爬软梯时,老师应在一旁加强保护,防止出现摔落情况。

躲避球时注意安排小朋友的间距,防止小朋友之间的激烈碰撞发生。

家园链接：

利用家中的瑜伽垫或者地毯,与家长来一场爬行追逐游戏吧,以瑜伽垫或地毯为游戏范围,以两人肩膀接触为游戏结束,看谁更厉害吧。

案例 9 "袋鼠先生"的训练

游戏目标：

能够初步掌握双脚跳较为完整的动作技术。

基本能够完成对物体的投、拍、接等动作,具有初步的操控能力。

在成人的指导下,了解场地器材的一些安全隐患,如注意柱子,撞墙等。

游戏准备：

训练环 20 个,沙包 20 个,纸箱 5 个,音响 1 个。

动一动：

在欢快的音乐声中,小朋友们跟随老师模仿各种小动物的动作,如小兔子跳,青蛙跳,鸟儿飞等。

学一学：

1. 移动领域

袋鼠先生是动物界的拳击高手，今天我们要跟着袋鼠一起来进行移动跳的训练，面向训练环进行正面、侧面、背面的双脚跳。

2. 稳定领域

现在进行下一项训练，小朋友们要原地双脚起跳转体 90 度，分别双脚站稳，单脚站稳，看哪个小袋鼠不会摔倒哦。

3. 操作领域

最后一项我们跟随袋鼠先生进行沙包投准训练，我们看看哪个小袋鼠能把沙包投到箱子里投的又准又多。

想一想：

我们今天跟着袋鼠先生体验了袋鼠拳击手的训练,大家一定又进步了。小朋友们伸出胳膊捏一捏,敲一敲小腿,我们今天就到这里了,小朋友们再见。

注意事项：

多次调整沙包投掷时的距离,让小朋友们体验不同距离投进球的感觉,注重树立培养小朋友距离感和信心。

家园链接：

家长在家中两至三米的空地上,等距放置纸箱或收纳箱等容器,幼儿进行抛物投准挑战,家长可和孩子进行比赛。

案例10 追击"猩猩"

游戏目标：

能够绕过各种障碍物连续走、跑、跳。

学会多角度的模仿动作。

知道游戏中要保持情绪稳定,如遵守纪律,不大喊大叫等。

游戏准备：

跨栏架8个,小呼啦圈10个,软体飞碟10个,音响1个。

动一动：

在欢快的音乐声中,小朋友们跟着老师做慢跑热身并进行"喊数抱团"的游戏,调动小朋友们积极性的同时充分热身。

学一学：

1. 移动领域

有只"大猩猩"在动物园逃走了，现在小朋友要去追击他，但是路上有许多的障碍，小朋友们要快速地跨过栏杆障碍。

2. 稳定领域

追击的路上，小朋友又碰到了好多小蜜蜂，不要被他们咬到，快点转动我们胳膊上的呼啦圈，赶走他们吧。

3. 操作领域

马上就要追上了，我们要用飞碟击中在远处的"猩猩"，看看谁能第一个击中他。

想一想：

小朋友们今天帮助动物园追击了逃跑的大猩猩，跨过了障碍栏，转动了呼啦圈，还扔了飞碟，快点捏捏自己的小腿，甩甩小手休息一下吧，小朋友们再见啦。

注意事项：

上课时应注意空间间距，小朋友们保持适当的安全距离。

家园链接：

家长准备两个本子或纸张，给小朋友铺"道路"，小朋友只允许踩在家长铺设的"道路"上，看一看能走多远。

案例 11 "大象"搬家

游戏目标：

能够伴随音乐较顺利地模仿教师做简单的律动动作。

能够完成对不同颜色的认知和按规则完成任务。

基本能够完成对物体的拍、接等动作，具有初步的操控能力。

游戏准备：

平衡木 2 套、海洋球 20 个、小篮球 20 个、红、黄、蓝标志筒各 4 个

动一动：

在欢快的音乐声中，小朋友们跟随老师模仿大象甩鼻子、大象摘香蕉等动作，在热身的同时激发小朋友的兴趣。

学一学：

1. 移动领域

今天"大象"要搬家啦，首先要爬过一段"独木桥"，让"大象"们（小

朋友们）出发吧。

2. 稳定领域

老师在场地上规定 3 米的距离，将"大象"分为两组，"大象"跪撑在地上，从起点开始和同伴一起用手将海洋球传递到终点，看看哪一组在规定时间内运送的海洋球最多吧。

3. 操作领域

"大象"的新家搬好啦，"大象"用双手拍球来到"客厅"（黄色标志筒围成）看一看，又来到了"厨房"（红色标志筒围成），最后来到了"卧室"（蓝色标志筒围成），完成后放球休息。

第五章 幼儿 MLS 循环体能游戏教学案例

想一想：

今天"大象"们练习了爬过"独木桥"，运送了海洋球还练习了拍球，真是太棒了，小朋友们坐下，甩甩小手，拍拍肩膀，好啦，小朋友们再见！

注意事项：

小朋友爬过平衡木时应有老师全程保护。

家园链接：

家长和小朋友每人一根吸管，在桌子上设置起点和终点，用吸管吹动倒扣着的纸杯，比赛看看谁吹的更远吧！

案例 12 "小蚂蚁"运粮

游戏目标：

能够在跑动过程中绕过障碍。

具有基本的移动物体的能力，提高身体核心力量基础。

强化基本的协同合作意识。

游戏准备：

屋顶天梯 1 个，海洋球 30 个，泡沫棒 30 个。

动一动：

在欢快的音乐声中，小朋友围绕场地慢跑，经过老师时跳起来与老师击掌，充分热身。

学一学：

1. 移动领域

在外寻找食物的"小蚂蚁"要穿越一片树林(屋顶天梯)，快点用S型的路线，绕过这片树林吧。

2. 稳定领域

"小蚂蚁"要排成一队将"食物"（海洋球）运送回家，"小蚂蚁"坐在地上双脚双手不着地(V字支撑)，和同伴一起用手将食物运送回家。

3. 操作领域

"小蚂蚁"要建造一个仓库将食物存出来，想想办法把泡沫棒连接起来，组成不同的形状来存储食物吧。

想一想：

今天"小蚂蚁"们"S"形绕穿越了森林，"V"字支撑运输食物，还动手将泡沫棒连接起来建成"仓库"。小朋友们敲敲腿，拍拍肩，我们下次见。

注意事项：

稳定领域支撑时可适当放宽要求，老师应配合保护。

老师多指导帮助小朋友完成操作性游戏。

家园链接：

准备两个柔软的抱枕或玩偶，家长和小朋友面对面同时将抱枕（玩偶）扔给对方，并快速接住对方扔来的抱枕或玩偶。

案例13 "小鸭子"过河

游戏目标：

能完成一段对体力有要求的行走，中途可适当停歇。

能够完成围绕垂直轴的原地旋转动作。

在成人指导下，表现出一定的助人行为和分享行为。

游戏准备：

体操垫10块，小篮球20个，小足球20个，音响1个。

动一动：

在欢快的音乐声中，小朋友们跟着老师做鸭子走路、赶鸭子等动作，充分活动身体肌肉、关节，激发小朋友学习兴趣。

学一学：

1. 移动领域

"小鸭子"要把自己的小篮球运送到河对面，"小鸭子"们双手持球背身后，快速过河吧。

2. 稳定领域

过河的时候"小鸭子"身上沾满了水，赶快在垫子上转圈圈（原地单脚跳转、双脚跳转）把水抖干净吧。

3. 操作领域

"小鸭子"们找到了自己的朋友了，快和自己的好朋友相互之间来进行踢球游戏吧。

想一想：

今天"小鸭子"们把自己心爱的玩具运到了河对面，还练习踢足球，现在我们来敲敲小腿，甩甩胳膊休息一下吧，小朋友们下次见。

注意事项：

原地转练习时注意不要转太快、角度不要太大，防止摔倒。

家园链接：

将家中的鞋子按照前后左右等不同方向摆放，相邻的鞋子方向不可完全相反，小朋友按照鞋子的摆放方向跳动前进，脚要和鞋子的摆放方向相同哦。看看谁更灵活吧。

案例 14 "小乌龟"的迁徙

游戏目标：

初步建立滑步意识。

能够完成较少关节参与的屈伸与扭转动作。

初步理解团结齐心的含义，体验什么是团结一致。

游戏准备：

沙包 20 个，乌龟壳 20 个，标志盘 60 个，音响 1 个。

动一动：

在欢快的音乐声中，小朋友们跟着老师玩踩影子的游戏，提升课堂氛围，激发小朋友的兴趣，同时进行热身活动。

学一学：

1. 移动领域

老师在场地内规定 5—6 米的距离，设置起点终点，"小乌龟"将沙包放在背上,然后爬行出发,不要让沙包掉落哦。

2. 稳定领域

"小乌龟"们趴在自己的龟壳上随意转动身体,"小乌龟"们要保持好稳定,不要掉下来。

3. 操作领域

"小乌龟"们要建造自己的新家了,一起齐心协力用标志盘来搭建一个大大的房子吧。

第五章 幼儿 MLS 循环体能游戏教学案例

想一想：

今天我们运送的沙包,还在龟壳上转了圈圈最后还自己搭建了房子,大家快休息一下吧,拍拍肩膀,抖抖小腿,小朋友们再见啦。

注意事项：

操作领域搭房子游戏尽量让小朋友独立完成,培养动手操作能力。

家园链接：

小朋友和家长在足够的空间内,将球放在中间厚把眼睛蒙起来,然后慢慢爬行向中间摸索,比赛看看谁先摸到球吧。

案例 15 "小白马"铁人三项

游戏目标：

能以稳定的速度进行双脚跳。

肩、髋及身体躯干具备基本的柔韧性。

在成人的帮助下勇敢完成新的挑战,如翻越跳马。

游戏准备：

蹦床 4 个,体操垫 8 个,单杠 2 个,网球 30 个,音响 1 个。

动一动：

在欢快的音乐声中,小朋友们跟着老师蜻蜓捉虫子的游戏,提升课堂氛围,激发小朋友的兴趣,同时进行热身活动。

学一学：

1. 移动领域

第一个项目便是蹦床。老师在平地上等距离（相隔 1.5 米）放置四个蹦床,蹦床中间放置体操垫,"小白马"跳上蹦床后,接着向前跳下,并且跳到体操垫上,依次完成四个蹦床。

2. 稳定领域

第二个项目是单杠表演。老师辅助"小白马"进行单杠横移,依次进行。

3. 操作领域

最后一项是抛接网球。"小白马"每人一粒网球,进行不同高度的自抛自接。

想一想：

今天运动会,都有哪些项目呢?首先是蹦床,其次是单杠,最后一项是投掷,小朋友们表现得都非常棒,给自己鼓鼓掌吧!接下来放松一下:拍拍小手,捏捏肩膀,踢踢小腿,扭一扭,小朋友们再见!

注意事项：

在做单杠时,老师要抱住幼儿进行辅助,帮助幼儿完成动作。

家园链接：

居家利用小玩具,和家长进行自抛自接和互抛互接。

案例 16 "公鸡"来袭

游戏目标：

能完成一段对体能有要求的行走,中途可适当停歇。

能够尝试完成一个支撑点的平衡动作。

基本能够操控物体向目标位置移动。

游戏准备：

幼儿足球 10 个,六角球 10 个,标志盘 30 个,音响 1 个。

动一动：

在欢快的音乐声中,小朋友们跟着老师进行夹球跳,双脚夹住足球,排队往前跳跃,充分活动关节和肌肉,为课堂做准备。

学一学：

1. 移动领域

老师规定一个长为 10 米的场地并设立起点和终点,小朋友们头戴标志盘模仿大公鸡来进行多次折返前行。

2. 稳定领域

小朋友们坐下后,用脚夹住足球后将球抬起离地,用手或其他方式转动身体并保持平衡将球移动到另一侧。

3. 操作领域

"大公鸡"(小朋友)两人或三人一组,一人将"虫子"(六角球)扔出,其他人快速将六角球拦截捡起。

想一想:

今天我们模仿"大公鸡"锻炼了体能,又通过夹球锻炼了稳定还练习了反应与灵敏,小朋友们拍拍肩膀,抖抖胳膊和小腿,我们下次见啦。

注意事项:

双脚夹球搬运时,尽量选择柔软的草坪或地面。

注意分组、休息和及时补充水分。

家园链接:

小朋友盘腿坐到爸爸妈妈的怀里,家长也盘腿做,小朋友小手抓紧爸爸妈妈的胳臂,家长夹住小朋友后双手钩住脚,开始模仿"不倒翁"进行滚动坐起等动作。

案例 17 "小猫"钓鱼

游戏目标:

能够模仿教师的示范做出相应的动作。

知道对陌生环境和人保持一定的警惕性,学会保护自己。

游戏中要保持情绪稳定,不要慌张。

游戏准备:

彩虹轮 10 套,音响 1 个。

动一动:

在欢快的音乐声中,小朋友们跟着老师做慢跑热身并进行"渔网捕鱼"的游戏,在跑动中调动小朋友的上课兴趣。

学一学:

1. 移动领域

老师带领"小猫咪"(小朋友)依次踩"石头"(彩虹轮)过河。

2. 稳定领域

"小猫咪"(小朋友)穿过大森林遇到"大老虎"(老师)躲到安全的"石头"(彩虹轮)上。

3. 操作领域

"小猫"(小朋友)来到海边"钓鱼"(彩虹轮)。

想一想：

小猫今天都做了什么呢？首先过了一条河，然后穿过大森林，最后我们一起来到了海边钓鱼，那来放松一下吧：甩甩小手，拍拍肩膀，扭扭屁股，踢踢腿。

注意事项：

在踩彩虹轮的时候，老师要保护好小朋友。

家园链接：

家长和小朋友用筷子挑出泡在水里的橡皮筋，看谁捞的多。

案例18 跳舞的"小蛇"

游戏目标：

能够沿固定线或在较窄的低矮物体上行走一段距离。

提高幼儿平衡能力。

初步培养提高手眼协调能力。

游戏准备：

负极圆环走1套,感统大陀螺6个,88轨道6套,音响1个。

动一动：

在欢快的音乐声中,小朋友们跟着老师玩"猫捉老鼠"的游戏,充分热身,预防受伤的同时激发小朋友们上课的兴趣。

学一学：

1. 移动领域

"小蛇"（小朋友）在老师引导下依次走过摆放成S形的圆环轨道。

2. 稳定领域

老师缓慢转动坐有小朋友的乌龟壳,"小蛇"在乌龟壳内保持稳定。

3. 操作领域

6名小朋友一组,每人一个88轨道,双手操作88轨道比比谁持续时间长。

想一想:

今天我们玩了很多新玩具不仅练习了体能、平衡,也练习了操作能力,下面我们来放松一下,大家捏捏胳膊,踢踢小腿,我们下节课见啦。

注意事项:

感统大陀螺旋转速度适中,注意观察幼儿反应,条件可以的情况下可有幼儿通过调整重心或移动身体是陀螺旋转起来。

家园链接:

幼儿抓紧家长手臂,家长带动幼儿旋转。

案例19 "孔雀"开屏

游戏目标:

能以稳定的速度进行双脚跳并通过一定的距离。

在自己的任务中具有一定的角色意识。

能够控制物体向目标位置移动。

游戏准备:

跳跳袋5个,软体标枪10个,音响1个。

动一动:

在欢快的音乐声中,小朋友们跟着老师玩"贴树皮"的游戏,充分热身,调动幼儿上课激情,更好地将幼儿带入课堂氛围。

第五章　幼儿 MLS 循环体能游戏教学案例

学一学：

1. 移动领域

老师规定活动场地,设置起点和终点,小朋友们套上跳跳袋从起点出发去寻找"孔雀"吧。

2. 稳定领域

小朋友们也变成了"孔雀",两人面对面,一个想象孔雀开屏的动作或其他孔雀生活中的动作,另一个模仿,看看谁的动作更"美丽"吧。

3. 操作领域

"孔雀"开屏后,身上的羽毛变成了飞镖,小朋友们拿起"羽毛"(软体标枪）比赛看看谁扔的更远吧。

想一想：

今天我们看到了"孔雀开屏"，练习了跳跃，还模仿了好看的同伴，最后投掷了"飞镖"，小朋友们快点敲敲小腿，拍拍肩膀，我们回去休息啦。

注意事项：

老师注重引导小朋友了解掌握新玩具的玩法。

家园链接：

家长准备5-6个沙包或柔软的小球，小朋友拿一个盆子，家长坐在凳子上背对小朋友，将沙包向后抛出，小朋友要用手中的盆子接住家长抛来的沙包。

案例20 "骆驼"

游戏目标：

肩、髋以及身体躯干具备基本的柔韧性。

在成人的提示下，建立自我保护的意识。

具有基本的投掷技术和力量。

游戏准备：

粘粘球30个，粘粘带20条，音响1个。

动一动：

在欢快的音乐声中，小朋友们在老师的带领下玩"大小泡泡"的游戏热身,增强小朋友上课的兴趣。

学一学:

1. 移动领域

小朋友们模仿"小骆驼",弯腰手抓住脚围绕场地慢慢向前移动。

2. 稳定领域

有坏人来抓"小骆驼"的尾巴,"小骆驼"们注意要变换身体方向,保护好自己的尾巴。

3. 操作领域

老师身穿粘球背心,"小骆驼"围成圆手拿粘粘球抛向老师使球粘在背心上。

想一想：

小朋友们今天成了"小骆驼"，锻炼了柔韧性，保护了小尾巴还练习了投掷，快点拍拍肩膀，甩甩胳膊休息一下，我们下节课见。

注意事项：

老师注意抓脚前行时注意保护，老师要进行语言引导。

家园链接：

家长准备多支笔，小朋友手拿小桶。家长在一侧将笔顺着斜面的桌子放下，使笔快速滑落，小朋友要迅速拿桶将所有滑下来的笔接住，锻炼小朋友的反应力和专注力。

第二节　中班课程案例

案例1 "火车"修理

游戏目标：

掌握较为完整踮脚走、快速跑等动作的基本技术。

肩、髋等身体躯干具有较好的柔软度。

能够较准确地控制物体向目标位置移动。

游戏准备：

标志桶10个，海洋球30个，音响1个。

动一动：

在欢快的音乐声中，小朋友们跟着老师坐在场地上，用手和脚在场地上仰面爬行，听到口令后迅速起身跑回起点。充分活动肌肉、关节。激发小朋友们的兴趣。

学一学：

1. 移动领域

小朋友们跟着老师"开火车"，穿过标志桶组成的障碍（S形，Z字形障碍），"火车"的速度时快时慢（变速走跑），小朋友们根据老师的口令要控制好速度，穿越障碍。

2. 稳定领域

"火车"开完了，小朋友们要修一下"车轮"，弯下腰看一看哪里需要修理吧，边走边做体前屈，双手分别碰触脚尖。

3. 操作领域

修车的"零件"(海洋球)散落在地上,小朋友们拿着小桶把零件装回来吧,这时有的小朋友洒海洋球,有的小朋友快速捡,期间相互转变角色。

想一想:

今天我们开了"火车"练习了变速走跑,还修理了"火车"锻炼了柔韧性和操作能力。小朋友们敲一敲小腿,拍拍肩膀,扭扭腰休息一下吧,我们下次见。

注意事项:

注重引导培养小朋友遵守游戏规则的意识,体前屈动作要到位。

家园链接:

小朋友和家长在家中准备海洋球若干,纸杯若干。小朋友和家长面对面保持3米左右的距离坐下,小朋友将纸杯在面前摆成一排,家长将球推向纸杯,小朋友要迅速反应并拿起小球前的纸杯将球扣住。

案例 2 飞行员

游戏目标:

能以稳定的速度在不同方向上进行快速跑,并通过一定距离。

能够进行短距离的闪躲,提升敏捷性、灵活性。

能够较为准确地完成对物体的接、拍等动作,具有一定的操控能力。

第五章　幼儿 MLS 循环体能游戏教学案例

游戏准备：

幼儿篮球 30 个，海洋球 50 个，标志桶 15 个（三种颜色），音响 1 个。

动一动：

在欢快的音乐声中，小朋友们跟着老师做飞机起飞动作，进行"S"绕保持身体平衡，然后活动身体各关节。

学一学：

1. 移动领域

老师将场地用标志桶划分一个三角区域，绿色为起点，当听到一声哨子响，幼儿从绿色标志桶跑向黄色标志桶，然后回到起点；当听到两声哨子响，幼儿从起点先跑到黄色标志桶，之后跑到红色标志桶，最后回到起点。快速反应进行转换方向的跑。

2. 稳定领域

幼儿分为两队，两队幼儿面对面，一队幼儿持海洋球，并向对面幼儿抛高球，另一队幼儿进行躲避球练习，之后交换角色，依次往复。

3. 操作领域

幼儿每人手持一个小篮球,进行原地双手交替拍球练习。比比谁拍球多。

想一想:

今天小朋友都做了什么呢?第一个是变向跑、第二个是躲避球,最后是原地单手拍球,那小朋友们表现非常棒,给自己鼓鼓掌吧!接下来放松一下,压压手腕、两位小朋友相互压压肩、踢踢腿、压压腿,小朋友们再见!

注意事项:

在进行躲避球练习时,老师演示高抛球,保证躲避球一队的幼儿安全。

家园链接:

家长向幼儿抛玩偶或者小球,幼儿通过移动用收纳箱接住。

案例3 动物模仿大赛

游戏目标:

熟练掌握各种爬行动作。

能够完成一个支撑点的站立式动作,如燕式平衡等。

能够较为准确的完成投掷动作并较准确地控制其方向距离。

游戏准备:

网球30个,沙包30个,纸杯30个,音响1个。

动一动：

在欢快的音乐声中，小朋友们跟着老师模仿"螃蟹走"的侧滑步，听到口令后变换方向，进行充分热身。

学一学：

1. 移动领域

小朋友将沙包放在肚子上，双手撑在身后模仿蜘蛛，进行移动一定距离，期间保持沙包不掉落。

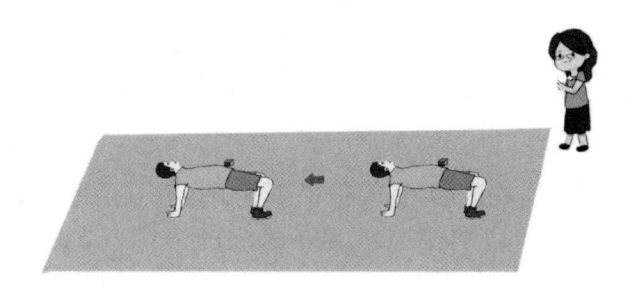

2. 稳定领域

小朋友一只脚站立身体慢慢向前倾，双手向两侧打开模仿小燕子，保持自己的身体平衡。

3. 操作领域

小朋友每人手持一个网球，将网球向前抛出，击倒前方的纸杯。

想一想：

今天我们练习了蜘蛛爬行，模仿了小燕子还联系了抛球击物，大家都很棒，小朋友们坐下抖抖小手，敲敲小腿，小朋友们下节课再见。

注意事项：

蜘蛛爬时老师注意提醒爬行方向，引导小朋友控制前进方向。

家园链接：

小朋友与家长利用小球或小娃娃进行互抛互接练习。

案例 4 "小悟空"取经

游戏目标：

能够在较窄且较高的物体上平稳地走一段距离。

具有较强的移物、悬垂与投掷的技术和力量。

知道正确的使用器材，如不用器材来打闹。

游戏准备：

训练环 30 个，平衡木 2 套，单杠 2 套，降落伞玩具 30 个，音响 1 个。

动一动：

在欢快的音乐声中，小朋友们跟着老师依次跳过训练环进行热身，充分活动肌肉及身体关节，调动小朋友上课的积极性。

第五章 幼儿 MLS 循环体能游戏教学案例

学一学：

1. 移动领域

"小悟空"要去把经书取回来，先要通过一段独木桥（平衡木），小朋友们快速平稳通过。

2. 稳定领域

"小悟空"要通过一片密林，小朋友们要抓着藤蔓（单杠）前进，由单杠一端移到另一端，小朋友们出发吧。

3. 操作领域

"小悟空"们要扔出"法宝"（降落伞）击退妖怪，大家一起齐心协力击退妖怪。

想一想：

今天"小悟空"走了平衡木、通过了藤蔓，在小朋友的帮助击退了妖怪，跟着师傅一起取得可真经，小朋友玩得开心吗？

注意事项：

通过平衡木时注意速度，老师注重保护。

家园链接：

家长在家中准备矿泉水瓶若干，家长和小朋友保持一段距离，家长将水瓶向小朋友推出，小朋友需要在原地跳跃过水瓶。

案例5 勇士寻宝

游戏目标：

能够在有一定坡度的较窄物体上平稳通过。

能够完成一个平衡动作的方向转换。

具有初步的协同合作精神，懂得如何在游戏中与同伴协作，如成功组队并完成简单的游戏任务。

游戏准备：

彩虹桥1套，平衡木2套，幼儿篮球30个，音响1个。

动一动：

在欢快的音乐声中，小朋友们跟着老师做"萝卜蹲"的游戏，充分热身。

学一学：

1. 移动领域

恶龙霸占着宝藏，"小勇士们"依次走过彩虹桥去找宝藏吧。

2. 稳定领域

"小勇士们"要通过一段机关道路，走到平衡木中间进行转体返回，不要掉进陷阱。

3. 操作领域

"小勇士们"找到了宝藏，两人一组（面对面夹篮球）一起合作把宝藏运送回家吧。

想一想：

今天我们不仅通过了重重陷阱还找到了宝藏,在平常的生活中小朋友们也要互帮互助、合力克服困难。小朋友们拍拍肩膀、甩甩隔壁,我们下节课再见。

注意事项：

注重引导培养小朋友们合作意识的建立。

家园链接：

家长和小朋友面对面站立,幼儿手持弹力球,家长手持小桶。幼儿将弹力球扔向地面,家长用小桶接住反弹起的弹力球。家长和小朋友可以互换角色。

案例6 "小鳄鱼"探险

游戏目标：

锻炼幼儿较强的爬行能力。

能够完成多关节参与的屈伸与扭转动作,如地面的团身动作。

学会全身能相互协调用力。

游戏准备：

爬行架2个,折叠跳箱2个,八角柱2个,音响1个。

动一动：

小朋友随着欢快的音乐,跟随老师做鳄鱼爬、倒"V"形爬,为今天的课提供一个先导,增强幼儿学习兴趣。

学一学：

1. 移动领域

老师在场地摆放两个爬行架,"小鳄鱼"依次爬过爬行架,老师在一旁进行保护。

2. 稳定领域

老师将折叠跳箱展开,"小鳄鱼"进行侧滚翻、前滚翻练习,老师在一旁进行保护。

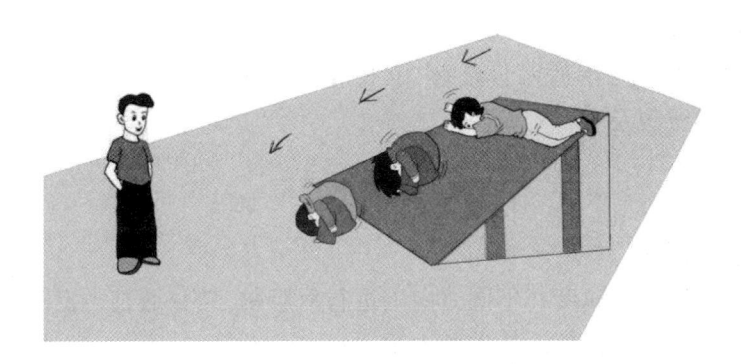

3. 操作领域

"小鳄鱼"两人一组推动八角柱前行,到达终点后两人协同翻动八角柱返回。

想一想：

"小鳄鱼"今天都做了什么呢？首先"小鳄鱼"爬上了高架，然后遇到了斜坡，完美地破解了，最后将柱子推了回来，接下来小朋友来放松一下吧。甩甩小手，拍拍肩膀，扭扭屁股，踢踢腿，小朋友们再见。

注意事项：

进行前滚翻练习时，注意保护幼儿颈部，辅助幼儿进行发力。

家园链接：

在家中客厅摆放两排纸杯，家长和幼儿比赛，通过倒"V"形爬，锻炼幼儿的腰腹及手臂力量。

案例 7 森林狩猎

游戏目标：

能以稳定的速度在不同方向上进行双脚跳，并且通过一定距离。

具有较强的投掷的技术和力量。

单脚站立切换过程中能够保持身体平衡。

游戏准备：

跨栏架 20 个，标志杆 10 根，训练环 20 个，标志桶 30 个，音响 1 个。

动一动：

在欢快的音乐声中，跟随老师做兔子跳，老师用训练环套圈幼儿躲避游戏，调动幼儿学习兴趣，更好地发展身体机能。

学一学

1. 移动领域

在森林里狩猎时好多的机关,小朋友们要双脚跳过摆放成正方形的跨栏架。

2. 稳定领域

小朋友持标志杆围成一个圆,当听到哨子声,小朋友们单脚站立在圆内,当听到口令后换另一只脚单脚站立在圆外,期间要站稳。

3. 操作领域

幼儿手持训练环套住前面的标志桶，等手里训练完扔完拣回继续做相同动作。

想一想：

今天去森林狩猎小朋友越过了困难，得到了猎物，是不是非常棒，为自己鼓鼓掌吧。接下来我们放松一下捏捏肩膀，扭扭腰，拍拍大腿，捏捏小腿，小朋友们再见。

注意事项：

在套环时，如发现小朋友完成的较为容易或困难，可适当通过调整距离增加或降低难度。

家园链接：

准备几个小凳子或小箱子，家长双脚打开从上面依次跳过，小朋友接力跳完，锻炼小朋友弹跳力。

案例 8 松鼠与大树

游戏目标：

掌握较为完整的纵跳技能并能熟练完成纵跳动作。

基本能够截获并接住运动中的物体。

初步具备团结一致的精神，共同完成游戏任务。

第五章　幼儿 MLS 循环体能游戏教学案例

游戏准备：

渐进跳箱 2 组,波速球 4 个,小篮球 10 个,音响 1 个。

动一动：

在欢快的音乐声中,小朋友跟随老师做"松鼠与大树"游戏,老师喊"猎人来了",大树不动,松鼠动,老师喊"着火了",大树动,松鼠不动。

学一学：

1. 移动领域

老师在场地放置 2 个渐进跳箱,两个跳箱面对面放置,"小松鼠"在跳箱上利用纵跳动作进行跳跃。

2. 稳定领域

老师将波速球两个放一起,两名小朋友面对面手牵手从侧面向波速球上站立,然后从另一侧下球。

3. 操作领域

两名小朋友面对面站立,进行击地传球动作,球就像小松鼠一样在两棵大树间穿梭。

想一想:

小朋友太厉害了,多动作井然有序,懂得相互配合,照顾队友,给自己鼓鼓掌吧。甩甩胳膊,捏捏胳膊,踢踢腿,今天就到这了,小朋友们再见。

注意事项:

在设置跳箱时,要在跳箱下放置软垫保护设施。稳定领域要完成双脚同时踩在波速球上。

家园链接:

准备几个玩具间隔一段距离,家长和小朋友并排站,用绳子将家长的一只脚和小朋友的一只脚系在一起,两人一起绕过障碍。

案例9 攻打堡垒

游戏目标:

掌握较为完整的纵跳技能并能熟练完成原地纵跳动作。

能够完成多关节参与的屈伸与扭转动作。

锻炼手眼协调、快速反应能力。

游戏准备:

标志盘40个,手忙脚乱垫4个,单杠2个,弹射球10组,粘粘带20

根,音响1个。

动一动:

小朋友在欢快的音乐声中,做攻打堡垒游戏,将小朋友分为两队,互相将对面的标志盘反过来,老师规定游戏时间。

学一学:

1. 移动领域

老师在单杠上挂好粘粘带,小朋友跳起摘下粘粘带。

2. 稳定领域

老师在操场摆放手忙脚乱垫,小朋友根据提示通过垫子。

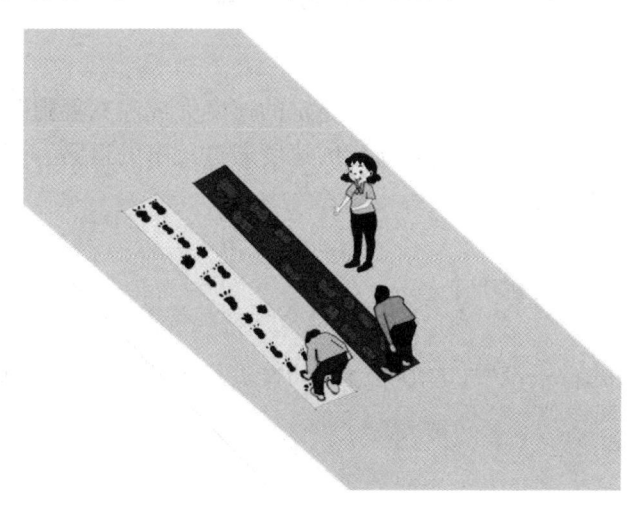

3. 操作领域

两个小朋友一组,一人将球弹出,一人移动去接球,相互完成操作。

想一想:

小朋友现在都可以跳的非常高了,反应也很快,我们给自己鼓鼓掌吧!接下来放松一下吧,甩甩小手,拉伸一下肩部,拉伸一下腹部,踢踢腿,小朋友们再见。

注意事项:

单杠可以调节高度,挑战不同难度。

家园链接:

家长和小朋友手牵手,小朋友脚踩木棍或其他圆柱体的物品,家长扶住小朋友向前移动。

案例 10 与绳共舞

游戏目标:

学习猩猩跳技术动作,能够以稳定的速度完成左右猩猩跳。

提高身体稳定性,能够以稳定的速度通过较窄的道路。

学习简单的跳绳技巧。

游戏准备:

跳绳 30 根,音响 1 个。

动一动:

在欢快的音乐声中,老师带领小朋友进行单手摇绳子和单手摇绳跳热身。

学一学：

1. 移动领域

取 5 根跳绳一字排开，小朋友在老师的带领下沿跳绳进行左右方向猩猩跳，比比谁的速度快。

2. 稳定领域

老师将跳绳摆放成任意形状，小朋友脚踩跳绳前进。

3. 操作领域

老师带领小朋友们进行跳绳练习。

想一想：

老师与小朋友手拉手围成圆圈,小朋友和老师一起唱:"一、二、三,跳;四、五、六,跳。小手举起、中间靠拢,小手放下、向外拉开。"伴随音乐重复进行。

注意事项：

在进行跳绳练习时注重培养幼儿绳感,在单手摇绳的基础上进行跳绳学习。

家园链接：

家长持小球或者沙包之类的物品,向幼儿抛过去,幼儿双脚跳进行躲避。

案例 11 躲避追踪

游戏目标：

初步掌握滑步的基本技术并通过一定距离。

能够进行短距离的闪躲。

学会正确使用体育器材。

游戏准备：

训练环 20 个,彩虹伞 1 个,海洋球 50 个,充气锤子 1 把,音响 1 个。

动一动：

小朋友在欢快的音乐声中跟随老师做红灯停绿灯行的游戏,锻炼小朋友的反应和快速启动能力。

学一学：

1. 移动领域

老师将训练环摆成一个相距 1 米的圆圈,小朋友通过正向滑步和侧滑步动作移动到圆圈里,圆圈视为家,用来保护自己不被追踪。

2. 稳定领域

每个训练环内一个小朋友,老师手拿充气锤子在场地内走动,寻找站起的小朋友进行"攻击",幼儿通过下蹲进行躲避。

3. 操作领域

小朋友每人手持彩虹伞的一边,将海洋球放在彩虹伞上跟随音乐抖动,直至将海洋球全部抖落。

想一想：

小朋友现在反应都很快了，非常棒，下面一起放松一下吧：甩甩小手，拍拍肩膀，扭扭屁股，扭扭腰。

注意事项：

在抖动彩虹伞时，鼓励小朋友们协调发力，共同完成任务，教师语言引导增强趣味性。

家园链接：

家长用床单将孩子裹起来，家长左右摇摆床单，让孩子体验悬空的平衡感。

案例 12 冲破"困难"

游戏目标：

基本完成跳马技术动作。

能够进行短距离的躲闪。

知道正确使用器材，如不用器材来打闹。

游戏准备：

跳马 2 个，儿童蹦床 2 个，幼儿足球 30 个，音响 1 个。

动一动：

在欢快的音乐声中，小朋友们跟着老师进行变速跑、大步跑动作，并活动身体肌肉关节，充分热身。

学一学：

1. 移动领域

小朋友们面对"困难"（跳马）不要害怕，勇敢地跳过他。小朋友进行 6-8 米的助跑后，在老师的保护下支撑并跳跃过"困难"。

2. 稳定领域

将小朋友们分成2组，跳上蹦床后，完成1-2次纵跳，让小朋友们单脚停住且站稳，在站不稳的困难中反复寻找平衡点。

3. 操作领域

老师选取合适的场地距离，设置起点终点，小朋友从起点出发用脚控制小足球并将小足球运送至终点。

想一想：

今天我们练习了跳马，跳跃后单脚站立保持平衡，还练习了足球脚运球，小朋友们在生活中也要鼓起勇气，克服困难。小朋友们甩甩胳膊，敲敲小腿，我们下节课见啦。

注意事项：

跳马和蹦床上单脚站立时老师应加强对小朋友起跳和落地的保护

措施。

对于不敢跳的小朋友,老师应注意引导并激发小朋友的勇气和自信。

家园链接:

家长在家中准备乒乓球若干个,小桶一个,报纸或较薄较大一些的书本纸张一份,在家中合适地点设置起点和终点。家长和小朋友手抓报纸的四个角,用报纸托住乒乓球从起点将球运送到处于终点的小桶中,期间注意控制乒乓球不要滑落。

案例13 "动物世界"运动会

游戏目标:

掌握快速跑的动作,提升速度素质。

能够完成多关节参与的屈伸于扭转动作,如前滚翻。

能够较为准确地控制物体向目标位置的投掷且控制合适的力度。

游戏准备:

带有动物图画的纸张20张,体操垫10块,体能环20个,网球30个,音响1个。

动一动:

在欢快的音乐声中,小朋友们跟随老师模仿各种各样的动物爬行,充分活动热身,激发小朋友们上课的兴趣。

学一学:

1. 移动领域

小朋友们将代表各种动物参加运动会,将代表自己动物的图画纸放在胸前,听到口令后快速向前奔跑一段距离,看看谁更快吧。

2. 稳定领域

下面进行体操比赛,小朋友们排成一队,在柔软的垫子上做前滚翻,看看谁完成得更好。

3. 操作领域

最后一项比赛,在距离小朋友们3米处放置有体能环,体能环内放置网球,小朋友们需要用自己手中的网球将体能环内的网球击出。

想一想:

运动会结束了,今天我们代表动物们参加了运动会,不仅参加了短跑、体操还进行了击球,小朋友们抖抖胳膊,拍拍肩膀,我们下节课见。

注意事项:

小朋友们做前滚翻时老师应注意保护。

老师应引导小朋友多次尝试,不怕失败。

家园链接：

选择家中合适的场所（最好能够铺上一层柔软的垫子），家长和小朋友面对面保持一定距离，游戏开始后两人进行原地的"虫虫爬"，完全打开身体后家长与小朋友击掌。锻炼上肢力量及核心力量。

案例 14 小小"训练营"

游戏目标：

能以稳定的速度在一定距离内进行折返跑。

能够完成一个支撑点的平衡动作。

具有较强的移物、投掷能力。

游戏准备：

接力棒 2 根，体操垫 10 块，沙包 10 个，音响 1 个。

动一动：

在欢快的音乐声中，小朋友们跟着老师张开双臂模仿飞机飞行、模仿坦克等在场地内跑动，充分活动。

学一学：

1. 移动领域

将小朋友分成 2 组，设置 10 米距离，携带接力棒进行往返跑接力赛。

第五章　幼儿 MLS 循环体能游戏教学案例

2. 稳定领域

小朋友两人一组，背对背坐在体操垫上，进行并腿、分腿的举腿练习。

3. 操作领域

小朋友们两人一组相隔 3 米，进行沙包的互抛互接。

想一想：

今天我们进行了接力赛，多方向多角度的举腿等等，小朋友们都表现得非常不错，我们甩甩胳膊，敲敲肩膀和小腿，我们下节课见。

注意事项：

三个领域练习过程中，教师的语言引导极为重要，创造欢快的课堂氛围。

家园链接：

家长在家中准备网球或海洋球若干，小朋友和家长并排坐，腿和脚均不着地，用手将放置在一侧的球，通过两人在腿下传递到另一侧。

案例 15 勤劳"快递员"

游戏目标：

能够进行跨越跳。

能够完成多关节参与的屈伸与扭转动作。

具有初步的协同合作精神，懂得如何在游戏中与同伴协作。

游戏准备：

训练环 20 个，大龙球 10 个，网球拍和球 10 套，音响 1 个。

动一动：

在欢快的音乐声中，小朋友跟着老师进行过马路的游戏，遇到红灯要停，绿灯要前进，黄灯要原地踏步，充分活动肌肉关节，激发小朋友上课的兴趣。

学一学：

1. 移动领域

快递员今天送快递的地方有小溪，要跨越到由 10 个训练环组成的 Z 字型。

2. 稳定领域

送快递过程中，小快递员要在风雨中保护快递。小朋友们趴在大龙球上,尝试双手、双脚离地,保持身体平衡。

3. 操作领域

快递安全送达,小朋友们进行网球拍球和垫球。

想一想:

今天我们通关了各种艰难险阻,将快递顺利送达,小快递员们辛苦啦,大家来拍拍胳膊,捏捏小腿,我们下节课再见。

注意事项:

大龙球身体平衡前放置垫子或者在柔软的地面进行,防止脸部着地。

家园链接:

家长在家中准备两张报纸或较大且好折叠的纸张,小朋友和家长面对面站在纸张上进行"剪子包袱锤"的游戏,输的一方需要将脚下的报纸或纸张对着放好后再次站在上面,然后继续游戏,直到有一方的报纸站不下人则另一方获胜。

案例 16 枪林弹雨

游戏目标：

掌握垫步的基本技术并侧向通过一定距离。

具有较强的悬垂收腹技术和力量。

具有较强的搬运物体的技术和意识。

游戏准备：

海洋球 20 个,泡沫砖 20 个,标志盘 20 个,单杠 2 套,音响 1 个。

动一动：

在欢快的音乐声中,小朋友们跟随老师慢跑,并进行"123 木头人"的游戏,充分活动热身并激发小朋友的上课兴趣。

学一学：

1. 移动领域

战场上,小朋友们要学习并利用垫步动作掩饰自己,完成一定距离躲避攻击。

2. 稳定领域

小朋友们来到了悬崖边上,小朋友们在单杠上悬垂稳定后,用脚运送"物资"(泡沫砖)给老师。

3. 操作领域

小朋友们要将地面上散落的"地雷"(标志盘)快速拆除并运送到集中营。

想一想:

今天小朋友在"枪林弹雨"中完成了各项任务,大家都很棒,小朋友们甩甩胳膊,敲敲肩膀,我们下节课见。

注意事项:

悬垂时老师应全程保护,帮助小朋友上下单杠。

家园链接:

家长将一条较长的毛巾折叠并卡在后腰部,假装是一条"尾巴",

在家中合适的场地让小朋友抓尾巴,家长闪躲,抓掉尾巴后进行角色互换。

案例 17 战胜地质灾害

游戏目标:

掌握跳跃技巧,能在不同方向上进行双脚跳。

提高幼儿身体平衡能力,能够独立完成具有一定挑战的任务。

提高幼儿反应能力,能够接住运动中的物体。

游戏准备:

跨栏架 20 个,体操垫 2 个,网球 10 个,音响 1 个。

动一动:

在欢快的音乐声中,老师带领小朋友进行小步跑、侧身跑等练习。

学一学:

1. 移动领域

分两组,将跨栏架相距 50 厘米一字排开,小朋友在老师的带领下来到大山脚下,面对掉落的石头,进行登陆跳跃(单脚跳),依次通过跨栏架,比比谁完成的更快。

2. 稳定领域

小朋友站在体操垫上,来到了地震带,老师缓慢晃动体操垫模拟制造"地震",小朋友保持站立姿势,比比谁坚持时间长。

3. 操作领域

小朋友将网球向斜上抛出,模拟击打空中陨石,保卫地球。

想一想:

小朋友直立站好,回顾各种地质灾害情况。放松时,听到"面条熟了"的口令时自上而下抖动自己的身体,最后平躺在体操垫上。

注意事项:

在进行稳定领域游戏时,小朋友站在体操垫上膝盖微屈,两脚分开降低重心,保持好身体平衡。

家园链接:

小朋友和爸爸妈妈各持一个塑料袋,将塑料袋向上抛出,同时交换位置,在塑料袋落地前接住对方的袋子。

案例 18 小小"军训"

游戏目标：

具有较强的攀爬和爬行能力。

具有一定的核心力量。

能够较为准确的完成对物体地踢、接等动作，且具有一定的操控能力。

游戏准备：

幼儿足球20个，足球门2组，爬行架2套，跳箱2组，海洋球50个，音响1个。

动一动：

在欢快的音乐声中，小朋友跟随老师进行"老狼老狼几点了"的游戏，随后跟随音乐进行慢跑热身，充分热身，激发小朋友上课兴趣。

学一学：

1. 移动领域

小朋友今天都是"小军人"，首先要进行攀爬训练，小朋友们快速通过爬行架，然后翻越跳箱。

2. 稳定领域

下面小朋友们进行"V"字支撑训练，坐下后双手双脚和腿尽量不要着地，将海洋球在同伴之间传递吧。

3. 操作领域

场地里有"敌人"埋伏下的"炸弹"（小足球），小朋友们快把"炸弹"踢到安全区域内（足球门）吧。

想一想：

今天小朋友们都是小小"军人"，不仅练习了攀爬和支撑，还拯救了城市，小朋友们坐下，敲敲小腿，站起来伸伸小腰，我们下节课再见啦。

注意事项：

在爬行架上和翻越跳箱时时老师应加强保护，激励不敢进行游戏的小朋友，树立信心。

家园链接：

家长准备水杯水瓶或相似的物品作为"障碍物"，在家中合适的场地设置起点和终点,终点处摆放小朋友的玩偶或玩具,在中间摆放障碍物。家长和小朋友在起点出发,双手双脚撑地,在障碍物上方通过至终点将玩具玩偶运送回起点,比赛看看谁更厉害吧。

案例 19 丛林探险

游戏目标:

能够完成一个支撑点的站立式平衡动作。

掌握正确的投掷动作。

表现出一定的助人行为和分享行为。

游戏准备:

跨栏架20个,屋顶天梯1套,软体标枪10个,音响1个。

动一动:

在欢快的音乐声中,小朋友们跟随老师进行"踩影子"的游戏,充分活动肌肉关节,激发小朋友们上课的兴趣。

学一学:

1. 移动领域

小朋友们要跨越穿过一片"荆棘"密林(跨栏架),然后爬行通过草屋(屋顶天梯),穿过荆棘吧。

2. 稳定领域

小朋友们要躲过后方追击来的蝙蝠,只有通过单脚旋转保持平衡才可以躲过,小朋友们听老师口令,躲避追击吧。

3. 操作领域

小朋友们分成两组进行投掷软体标枪。

想一想:

今天小朋友们探险了丛林,不仅通过了荆棘密林,躲过了蝙蝠追击,还一起投掷了树枝(软体标枪),小朋友们真棒,大家伸伸小腰,甩甩胳膊,拍拍肩膀,我们下节课再见。

注意事项:

引导小朋友利用正确的投掷动作将软体标枪掷出。

家园链接：

家长准备纸杯或玩偶一个，爸爸或妈妈其中一个和小朋友面对面坐下，另一家长作为裁判，裁判口令"鼻子"则参赛家长和小朋友双手摸鼻子，裁判口令"嘴巴"，参赛家长和小朋友双手摸嘴巴，当听到"抢"的口令时，迅速拿起面前的纸杯或玩偶，看看谁的反应快吧。

案例 20 快乐"小螃蟹"

游戏目标：

提高幼儿爬行能力，掌握横行爬行技巧。

提高幼儿核心力量。

提高幼儿手眼协调性，能够完成对物体的抛接。

游戏准备：

平衡木 2 根，训练环 20 个，网球 30 个，音响 1 个。

动一动：

在欢快的音乐声中，老师带领小朋友进行跑步热身和徒手操练习。

学一学：

1. 移动领域

小朋友双手撑地，双脚搭在平衡木上进行横向爬行。

2. 稳定领域

小朋友四肢着地，身体保持水平。在脚的位置并排放置四个训练环，根据老师的口令脚在四个训练环内移动。

3. 操作领域

每个小朋友一个网球,根据教师指挥进行抛接球练习,熟练之后也可以进行两人互相抛接练习。

想一想:

在欢快的音乐声中,老师带领小朋友进行"大风扫落叶",小朋友躺下坐"落叶",老师大口吹气作"大风","落叶"顺着"风"的方向翻滚。

注意事项:

在进行稳定领域游戏时,小朋友注意膝关节抬起,老师指令清晰明确。

在进行操作领域游戏时,小朋友保持足够的间隔距离,球抛起的高度要适宜。

家园链接：

小朋友跟爸爸妈妈进行"搭金塔"的游戏：小朋友和爸爸妈妈面对面四肢撑地，面前放置纸杯，双方合作搭建金字塔。

第三节 大班课程案例

案例 1 超能"小骑士"

游戏目标：

提升幼儿移动避障能力。

增强幼儿上肢力量。

提高幼儿手眼协调能力。

游戏准备：

多功能架 10 个，折叠跳箱 2 个，翻转杯 20 个，手忙脚乱 2 个，音响 1 个。

动一动：

将翻转杯随意放在场地内，小朋友跟随欢快的音乐声在场地内自由跑动，注意躲避翻转杯。

学一学：

1. 移动领域

"小骑士"要拯救被恶龙抓走的公主，"骑士"们"S"形前进，从"荆棘"（多功能架）下爬过。通过荆棘后，需要翻越峭壁（折叠跳箱）来到恶龙守护的城堡。最后，需要绕过恶龙，攀爬到城堡顶端。

2. 稳定领域

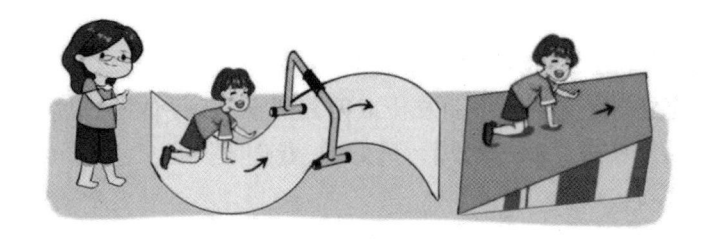

骑士要带着公主逃跑,城堡内的地面上有机关(两个多功能架一组),小骑士双手分别撑两个多功能架,将身体推离地面,坚持 5~10 秒钟。在城堡的出口,还有机关阻碍,小骑士们需要按照地上手、脚的标识前进才能不触发。

3. 操作领域

城堡的大门需要反转机关开启,小骑士们分为两组,去反转杯子开启机关吧。最后使用骑士的武器(棒球棒)击打恶龙的火球,击败恶龙吧。

想一想：

今天"小骑士"们经历的很多危险拯救了公主，不仅练习了走跑爬，还练习了动手击打能力，小朋友排成两路纵队，后一位的小朋友伸手给前一位小朋友捶捶胳膊、捶捶后背，好啦，我们下次见。

注意事项：

根据幼儿人数确定场地大小，在游戏过程中避免出现碰撞等情况。

家园链接：

和爸爸妈妈竞赛翻转纸杯，比比看谁的速度更快。

案例2 灵活"闪电侠"

游戏目标：

提高幼儿身体灵敏性，能够进行走、跑等动作自由装换。

提高幼儿身体平衡能力，能够在有一定间隔的物体上平稳地走一段距离。

提高幼儿手部操控能力，能够很好地操控手中物品。

游戏准备：

红、黄、绿三色标志盘1组，充气锤2个，梅花桩墩10个，平衡跷跷板10个，波速球10个，风火轮5个，拉力盘10个，音响1个。

动一动：

在欢快的音乐声中，小朋友跟随老师进行正面压腿、侧面压腿等。

学一学：

1. 移动领域

"闪电侠"们要练习控制自己体内的力量，根据老师手中标志物的颜色做出相对应的动作。红色停在原地，黄色慢慢地走，绿色跑起来。第二项敏捷训练，老师扮演"坏人"手中拿着充气锤子攻击闪电侠，闪电侠们要迅速躲避。

第五章　幼儿 MLS 循环体能游戏教学案例

2. 稳定领域

闪电侠们要出发维护正义了,但要通过面前的梅花桩(将梅花桩墩放于地面,间隔以幼儿一步距离为宜依次通过)、平衡跷跷板(双脚站在上面,尽力保持平衡)、波速球(双脚站在上面,尝试慢慢旋转)这三种关卡,大家加油吧。

3. 操作领域

最后要进行力量训练,小闪电侠们双手各持拉力盘一段,做一开一合的动作,最后我们手持风火轮,来一次速度比赛,看看谁先到达终点吧。

想一想：

小朋友做各种造型的雪人，太阳出来了，小雪人开始融化了。回顾课堂内容，比一比谁是最灵活的"小闪电侠"。

注意事项：

注意语言引导，提高幼儿游戏参与度。注意观察幼儿跑、走动作。

家园链接：

在家中寻找不动大小的纸，每间隔一段距离放置一张铺成一条路，跟爸爸妈妈比赛，看谁走过的速度更快。

案例3 了不起的"熊大"

游戏目标：

提高幼儿下肢力量，掌握跳远技术动作。

提高幼儿平衡能力及核心稳定素质。

提高幼儿在行进间对球的操控能力及手脚协调能力。

游戏准备：

跳远垫1张，滑板车5个，平衡跷跷板10个，体操垫5个，沙包20个，幼儿篮球10个，音响1个。

动一动：

在欢快的音乐声中，小朋友模仿教师动作进行热身活动，如小步跑、侧身跑、开合跳等。

学一学：

1. 移动领域

"熊二"受到了光头强的欺负，熊大要去为他报仇，到达光头强的家之前需要跳过一条河（站在立定跳远垫上，下蹲并用力向上摆动手臂起跳）。熊大趴在滑板车上，手脚并用，绕过"森林"追击光头强。

2. 稳定领域

熊大中了光头强的陷阱,站在平衡跷跷板上不能乱动,不然就会遇到危险,熊大叫来了朋友们来排除陷阱,大家在垫子上以平板支撑的形式将"地雷"(沙包)从一侧运输到另一侧。

3. 操作领域

光头强提出与熊大对决"手上功夫"与"脚下功夫",第一项比比篮球运球,熊大手持篮球,从起点出发单手拍球前进至终点,并拍球返回。光头强找来了不少沙包,脚下功夫需要用双脚夹住沙包并用脚将沙包投掷进指定区域。

想一想:

小朋友直立站好,听到"面条熟了"的口令时自上而下抖动自己的身体,最后平躺于地面上。回顾课堂内容,看看谁是了不起的"熊大"。

注意事项:
幼儿在平衡跷跷板上保持好平衡后再开始稳定游戏。
拍球过程中,小篮球掉落捡回继续即可。
家园链接:
跟爸爸妈妈进行抛接球游戏或者拍球比赛。

案例 4 勇敢"小超人"

游戏目标:
提高幼儿手脚协调能力,锻炼幼儿核心力量。
提高幼儿投掷能力。
培养幼儿敢于尝试、接受挑战的精神品质。
游戏准备:
儿童高跷 4 对,标志桶 20 个,单杠 2 个,八角柱 2 个,跨栏架 20 个,海绵棒 10 个,训练环 20 个,小篮球 20 个,音响 1 个。
动一动:
在欢快的音乐声中,老师带领小朋友进行抖肩、压肩等热身运动。
学一学:

1. 移动领域

小超人们需要通过锻炼来激发自身的潜力,脚踩小高跷,绕标志桶"S"形前进,出发吧小超人们。恭喜小超人们通过了第一项锻炼,激发了"超级速度",下面来运用一下这个能力吧,运用"超级速度"跑动快速跨过面前的跨栏架到达终点,来看看谁的"超级速度"更厉害吧。

2. 稳定领域

小超人最厉害的技能就是飞行,但是要学会飞行,就要克服恐惧,先尝试跳上八角高楼吧(八角柱)。现在,小超人的飞行潜能已经被激发出来了,鼓起勇气飞起来吧!(单杠上双臂支撑)

3. 操作领域

我们的城市被坏蛋埋下了炸弹,超人们快发射能量弹(小篮球)击毁埋藏炸弹的地方(传球传入指定训练环内)吧。炸弹被破坏了但是留在城市里还是不安全,超人们快点用特殊的防爆装置(海绵棒)夹起炸弹(篮球)运送到城市外的指定地点吧!

想一想：

老师与小朋友手拉手围成圆圈，小朋友和老师一起唱："一、二、三，跳；四、五、六，跳。小手举起、中间靠拢、小手放下、向外拉开。"伴随音乐重复进行。

注意事项：

做单杠动作时注意保护幼儿。

纠正规范幼儿投掷动作。

跳上八角柱时老师一旁辅助托举。

家园链接：

准备一个小桶和若干小球，和爸爸妈妈比赛看谁投进小桶里的球多。

案例 5 功夫加菲猫

游戏目标：

提高幼儿身体协调，能够完成连续纵跳。

增强幼儿核心力量，提高身体稳定性。

提升幼儿反应能力，能够准确接住运动中的物体。

游戏准备：

软体标枪 10 个，体能绳 1 条，体能环 5 个，海洋球 50 个，渐进跳箱 2 组，爬行架 2 个，音响 1 个。

动一动：

在欢快的音乐声中，老师带领小朋友模仿动物走，如兔子跳、老虎爬等。

学一学：

1. 移动领域

加菲猫痴迷武术。拜师学艺，师傅让他练习跳跃的本领，首先在蹦床上练习连续纵跳，然后到武道场的体能绳练习左右小跳前进。"轻功"也是武术当中不可缺少的本领，师傅让加菲猫在设置好的台阶（渐进跳箱）上单脚跳上最高点。

第五章　幼儿 MLS 循环体能游戏教学案例

2. 稳定领域

冬去春来,加菲猫和他的师兄弟们马上要出师了,要通过师傅给他的两道考验。第一道考验,需要在间隔摆放的武术爬行架上手脚并用爬过爬行架,只有平稳的爬过爬行架才算通过第一关考验。第二关考验加菲猫和他的师兄弟们的团结能力,每五名师兄弟一起进行考验,每名弟子面前放置一个体能环,体能环外放置 10 个海洋球,大家要采取俯卧撑姿势,左右手交替将球放入体能环内。

3. 操作领域

加菲猫成功出师,成了一代大侠,在游历江湖时遇到了强盗,强盗向他发起了攻击(扔网球),加菲猫可不怕他们,快接住他们扔过来的暗器吧。强盗们的暗器扔完了眼看打不过要转身逃走,加菲猫也叫来了朋友们乘胜追击,手持兵器(软体标枪)向前投掷,看看谁投掷的更远吧。

想一想：

在欢快的音乐声中，老师带领小朋友一起"洗洗澡"（模仿洗澡动作揉搓拍打四肢，放松身体）。

注意事项：

在进行操作领域游戏时，注意幼儿站位，保持好间隔。

家园链接：

支撑传物：小朋友和爸爸妈妈采取俯卧撑姿势，一手支撑身体，一手相互传递物体。

案例6 勇敢的"巴克队长"

游戏目标：

提高幼儿身体耐力，改善幼儿跑步姿态。

提高幼儿身体协调性，培养幼儿冒险精神。

提高幼儿空间意识和空间感觉。

游戏准备：

阻力伞10个，跑酷挡板2个，体操垫3个，标志桶20个，幼儿足球10个，儿童跳箱2个，六角球20个，音响1个。

动一动：

在欢快的音乐声中，老师带领幼儿模仿海洋生物行进，如鱼在水中游（"S"走），乌龟在地上爬等。

学一学：

1. 移动领域

巴克队长要出发去海底探险，队员们每10人一组，每人绑上一个阻力伞向前跑动，跟随巴克队长到海底冒险。要进入海底了，队员们跑着跳上跳箱（老师辅助）然后在跳箱上跳下（老师保护）进入海底。

2. 稳定领域

（老师示范助跑猫挂动作）巴克队长和队员们需要躲避来自海底的危险，在跑酷挡板上坚持 10 秒。对面游来了一条大鲨鱼，巴克队长和队员们躺在垫子上倒"V"字支撑，看准时机向前出发推到陷阱装置（标志桶）进行反击。

3. 操作领域

巴克队长和队员们来到了海底宝藏的大门前，队员们手持炸弹（六角球）将炸弹投掷进相应爆破区（击中摆放好的泡沫砖）。巴克队长和队员们发现了不少宝藏（足球），用脚背将宝藏运送回家。

想一想：

小朋友跟随巴克队长回到陆地上一起走一走，踢踢腿，拍拍手。

注意事项：

注意纠正幼儿跑动过程中的身体姿态。

运球时注意幼儿运球动作。

家园链接：

跟爸爸妈妈进行踢球游戏，比比看谁的小球更听话。

案例 7 超级滑板手

游戏目标：

提高幼儿移物能力，能够有意识地保护运输物品。

提高幼儿的平衡能力，增强幼儿自我保护意识。

提高幼儿上肢力量，能够完成自重牵拉。

游戏准备：

儿童滑板车 5 个，标志桶 20 个，体操垫 4 块，多功能架 9 个，长绳 2 根，音响 1 个。

动一动：

在欢快的音乐声中，老师带领小朋友进行俯身滑板比赛（小朋友俯身趴在滑板小车上，用双手推动地面使得滑板小车向前滑出），比比看谁前进的最远。

学一学：

1. 移动领域

我们要代表我们的幼儿园去参加"滑板大赛"小朋友们都是"超级滑板手"。首先要比赛"滑板运输"，每辆滑板小车上放置 4 个小标志桶，参赛者们手拉一个滑板小车前进5米后返回,大家出发吧。第二关预选赛,选手们趴在滑板车上,3组选手在5米长的赛道上,手脚并用快速穿过3个多功能架,全体选手听口令,预备,出发!

2. 稳定领域

紧张激烈的预选赛结束了,小选手们来休整一下吧,团身坐在体操垫上,双手抱膝、下巴贴近膝盖,根据老师口令向分别向后、左、右倾倒,然后坐回。休整完毕后又要进入激烈的准备阶段了。选手们呈"V"字趴在地上,坚持五秒钟后向前跑推翻相距两米的标志桶,为自己加油吧!

3. 操作领域

来到了"滑板套圈"比赛环节,在5米的赛道上,放置着3个标志桶,选手们从起点出发手拿3个训练环,趴在滑板车上快速向前滑行,在经过标志桶时将手上的训练环套在标志桶上,来吧,现在比赛开始!来到了最终的决赛,最后的比赛是"拉力滑板赛"将长绳一端固定,小选手们坐在滑板小车上,通过手拉长绳使小车先前移动,来吧,冠军就在眼前。

想一想：

小朋友手拉手围成一个大圈，老师站在圆圈中央，听到"大泡泡"时，小朋友慢慢向后退，将圆圈变大；听到"小泡泡"时，小朋友慢慢向内走，将圆圈变小。

注意事项：

移动领域游戏可以通过设置障碍等方式增加游戏难度。

稳定领域游戏可以适当将入前滚翻练习。

家园链接：

与爸爸妈妈进行拉小车游戏，小朋友坐在小车上，爸爸妈妈拉动小车前进。

案例8 正义"浩克"

游戏目标：

提升幼儿跑动能力，能够在一定压力下移动一段距离。

锻炼幼儿核心力量，增强身体稳定性。

提升幼儿在移动中拾取、投掷物体的能力，提高手眼协调能力。

游戏准备：

七彩弹力绳5根，体操垫5个，气球10个，海洋球30个，屋顶天梯5个，波速球10个，海绵棒10个，弹射球10个，音响1个。

动一动：

在欢快的音乐声中，小朋友站在七彩拉力绳内跟随老师移动，模仿老师做动作。

学一学：

1. 移动领域

"浩克"要从邪恶巫师的控制下逃跑，首先要摆脱套在身上的七彩弹力绳，巫师拉住了七彩弹力绳的一端；另一端在浩克的腹部，快快使用全力挣脱吧。挣脱了绳索，浩克要趴下隐蔽穿过同伴为他搭建的隧道（屋顶天梯），到达安全地点。

2. 稳定领域

浩克脚踩飞行器（波速球），躲避来追击浩克的敌人，小心敌人会发射炮弹（海洋球），注意躲避，不要从飞行器上掉下来！啊，还是被击中了，浩克要用前滚翻和后滚翻躲避炮弹，不要被击中。

3. 操作领域

浩克的战友们到了,让我们将最重要的能源水晶(气球)运回基地,两人交替将水晶托举在空中,运送回基地。浩克的战友们被巫师控制了心智,拿着弹射球攻击队友,浩克和他的队友们手持空气棒击打发射的弹射球。

想一想:

浩克和队友们最终取得了胜利,大家快回基地休息吧,像"切西瓜"一样,轻轻敲打自己的上下肢,放松身体。

注意事项:

在进行移动领域游戏时,老师根据幼儿情况适当施加拉力。

在进行操作领域游戏时,根据场地大小确定参与人数,确保小朋友有足够的跑动空间。

家园链接:

用绳子围成一个圈,小朋友与家长站在圆圈内,相互用手推对方,先将对方推出圆圈的获胜。

案例 9 小猪佩奇

游戏目标:

提高幼儿的规则意识,初步掌握单脚跳的动作技术,能够平稳的进行移动。

能够完成多关节的屈伸,增强核心力量。

能够在行进中完成对物体的投、接,具有良好的操控能力。

第五章　幼儿 MLS 循环体能游戏教学案例

游戏准备：

标志杆（带底座）10 个，儿童球拍 2 个，网球 2 个，伸缩杆 20 根，幼儿篮球 10 个，训练环 20 个，音响 1 个。

动一动：

在欢快的音乐声中，小朋友模仿老师动作，如原地跳跃、高抬腿、转圈等动作。

学一学：

1. 移动领域

佩奇和他的朋友们进行体能比赛，先进行个热身吧。先进行无球热身，根据伸缩杆开合的节奏，跟着音乐，双脚连续、快速地跳过伸缩杆吧，然后手持放有小网球的小球拍，S 形绕过 5 个标志杆完成热身。

2. 稳定领域

佩奇和他的朋友们两人一组背靠背贴紧，根据裁判的口令同时做蹲下或起立动作，看看哪一组最有默契。下面大家一起听裁判员的口令，在规定的比赛场地内（每人一个训练环内）单脚起跳后单脚静止住，没有稳定住的选手就要被淘汰啦！

3. 操作领域

最后要进行最激烈"赶球"的比赛,佩奇和他的朋友们要用标志杆将篮球运至终点处。最后是最难的一项,选手们要在指定区域内(横向不超过4米,纵向不超过2米),接住"裁判员"击地传来的篮球,看一看谁是最后的冠军吧。

想一想:
小朋友坐在地面上并腿脚对脚,俯身摸脚尖,一起放松身体。
注意事项:
小朋友在S绕的过程中若发生球的掉落,将球捡回从掉落位置出发即可。

在进行操作领域游戏时,注意手拿标志杆方式。

家园链接:

小朋友与爸爸妈妈进行协作纸杯运球游戏,小朋友和爸爸或妈妈各拿一个纸杯,共同夹球放入目标盒子内。

案例10 "布鲁托"的锻炼

游戏目标:

增强幼儿跳跃能力,练习蹦床技巧。

锻炼幼儿上肢及核心力量,培养幼儿挑战意识。

提高幼儿投掷能力,掌握飞盘掷远技巧;能在行进中控制物体向目标位置移动。

游戏准备:

蹦床2个,多功能架10个,儿童高跷20对,平衡木2根,风火轮5个,软体飞盘10个,音响1个。

动一动:

在欢快的音乐声中,老师带有小朋友进行"吃水果"的游戏,当听到水果名称时,小朋友高高跳起接住水果并吃点;当听到石头或炸弹时,小朋友快速蹲下,保护好自己。

学一学:

1. 移动领域

"布鲁托"有很多很厉害的本领,今天我们就跟着"布鲁托"老师学习他的本领吧。"布鲁托"老师最厉害的技能之一就是能够连续跪跳,看,他已经示范了一遍,小朋友们在蹦床上模仿学习老师的动作吧。要学习下一个本领需要穿上特殊的道具——高跷,要先掌握穿着高跷平稳地前进,大家快点行动起来吧!

2. 稳定领域

"布鲁托"的手臂也非常有力量,让我们看看他是怎么训练的吧,小朋友们双手紧握多功能架横杆,双脚置于地面成斜板支撑,跟随老师的口令进行屈臂上拉。小朋友们表现的都很棒,接下来"布鲁托"老师要锻炼我们的勇气了,要求我们像小螃蟹一样侧身走过眼前的独木桥(平衡木)。

3. 操作领域

经过刚才的训练相信小朋友们都变得更厉害了,现在"布鲁托"老师要对我们进行考核了,小朋友手拿软体飞盘进行投掷动作练习,比比看谁的飞盘飞得远。最后一项考核是让我们小朋友推着风火轮前进,比

第五章 幼儿 MLS 循环体能游戏教学案例

比看谁跑得远。

想一想：

在欢快的音乐声中，小朋友跟随老师模仿机器人活动，进行放松。

注意事项：

在进行蹦床练习时注意保护幼儿，适时对幼儿进行鼓励和正向引导。

在进行稳定领域游戏时注意保护幼儿，对于上肢力量较弱的幼儿可减小倾斜角度，如果条件允许可以在垫子上完成该游戏。

家园链接：

与爸爸妈妈进行前倾后仰游戏：爸爸妈妈跪坐于地面，紧握幼儿双手，通过手臂的屈伸完成前倾后仰动作。

案例 11 未来保卫战

游戏目标：

提高幼儿身体协调性，练习金刚跳。

提高幼儿上肢力量，培养幼儿竞争意识。

初步具备团结一致的精神，与同伴配合，共同完成游戏任务。

游戏准备：

体操垫 5 个，接力棒 20 根，儿童滑板车 20 个，网球 40 个，大龙球 2 个，音响 1 个。

动一动：

在欢快的音乐声中，小朋友跟随老师进行小步跑、开合跳等热身活动。

学一学:

1. 移动领域

2058年的一天一觉醒来,我们都变成了大金刚,这到底是怎么回事？快快手脚并用(金刚跳)通过空间隧道第一段(排成一排的垫子上)前往实验室解开谜团吧！空间隧道内危险重重,在第一段的终点"大金刚"们很有可能被身后的能量波动击中,快拿出"穿越号"飞行器(儿童滑板车)按照指定的路线快速动过隧道吧。

2. 稳定领域

试验基地被坏人占领了,他们的目的就是把所有人类变成动物,"大金刚"们要将基地夺回来。小心！被发现了,大家快进行连续的前滚翻在躲避攻击的同时前进吧。我们需要将最重要的能源水晶夺回,双手双脚撑地,俯卧姿势慢慢向装有能源水晶的箱子前进,看守机器人只能看到移动的物体,在他回头的时候大家要双手双脚撑住不能动,否则会被发现的。

3. 操作领域

能源水晶终于被我们保护了下来，但是现在的实验基地已经不安全了，我们要将能源水晶运送到别的地方，由于水晶中的能量过于强大，不能用手直接触碰，两人一组，运用两支接力棒，将两颗能源水晶（网球）运送到安全的地方去吧。最后需要将启动装置放回原处，但是启动装置（大龙球）太大了，需要两个人一组进行快速传递，传递过程中不能接触地面，而且不能在一组的手中停留过长时间，否则启动装置的能量将会耗尽，大家快行动起来吧！

想一想：

在欢快的音乐声中小朋友们拯救了未来，小朋友倒在垫子上，伸伸懒腰，相互敲敲腿，大家辛苦了，我们下次见。

注意事项：

在进行稳定领域游戏时，注意控制时间和距离避免造成幼儿体力透支。

家园链接：

小朋友与爸爸妈妈进行眼疾手快游戏：家长和小朋友面对面坐下，面前放置若干物品，双方根据裁判口令做动作，按照口令拿取面前物品，每成功得到一个物品得一分，比比看谁的得分高。

案例 12 小海盗"呱唧猫"

游戏目标：

提升幼儿移动和避障能力，提高幼儿颜色辨别能力。

提高幼儿平衡能力，培养幼儿冒险意识。

进一步提升幼儿手眼协调能力，幼儿树立移动概念。

游戏准备：

标志盘 30 个，波速球 10 个，渐进跳箱 2 组，体操垫 5 个，平衡跷跷板 3 个，大龙球 1 个，网球 5 个，音响 1 个。

动一动：

在欢快的音乐声中，老师带领小朋友依次爬过 10 个标志盘，跳过 10 个波速球。

学一学：

1. 移动领域

小海盗"呱唧猫"来到了一处满地都是宝藏（标志盘）的地方，但是满地五颜六色的宝藏只有一部分是真的，小海盗们得去问"预言家"（老师），"呱唧猫"根据预言家的口令取回对应颜色的宝藏。"呱唧猫"在搬运宝藏的时候迷失在了一片树林，需要跳上高处俯瞰树林找到出路，快点出发跳上树林中的高台（渐进跳箱）吧。

2. 稳定领域

小海盗走出了宝藏岛,想要回到自己的海盗船上去,但是没想到海边涨潮了,只能沿着还露出水面的岩石一下一下跳回船上。海盗们排好队,顺着岩石(波速球)依次跳过去吧。小海盗跳回船上后,船竟然开始剧烈摇晃(平衡跷跷板),小海盗凭借自己的平衡能力,要保证自己在船上待5秒钟,然后找准时机快速上岸,小心不要掉到海里。

3. 操作领域

小海盗发现有偷袭基地的坏蛋,小海盗看到坏蛋进攻(教师将大龙球用力向前推)后,赶快5个人站一排,在坏蛋(大龙球)两侧站好,用手中的网球击打坏蛋(大龙球)。

想一想:

小朋友趴在体操垫上,双腿伸直,教师用大龙球在小朋友的身体上来回滚动,放松小朋友的身体。之后也可以让小朋友面朝上以此进行放松。

注意事项:

在进行稳定领域游戏时注意保护幼儿,适时鼓励幼儿,幼儿尽可能独立完成游戏。

家园链接：

爸爸妈妈坐在较矮的板凳上，面前放若干物品，小朋友手持小框站在爸爸妈妈身后，游戏开始后爸爸妈妈先后扔物品，小朋友用小框尽可能多的接住。

案例 13 密室探险

游戏目标：

掌握单脚跳的基本技能，左右脚能以稳定的速度通过一段距离。

能够完成多关节参与的屈伸与扭转，并且具有一定的幅度。

提高幼儿规则意识，能与同伴相互配合完成任务。

游戏准备：

红黄蓝三色训练环各 5 个，海绵棒 10 根，体操垫 5 个，标志桶 20 个，屋顶天梯 3 个，充气锤子 2 个，大龙球 2 个，彩虹伞 1 个，音响 1 个。

动一动：

在欢快的音乐声中，老师带领小朋友们进行动物模仿秀，比比看谁模仿的最像。

学一学：

1. 移动领域

小朋友们，冒险王发现了一个密室，邀请我们去探险呢，密室门前有一个"三色机关"。红色的区域（训练环）左脚跳，黄色区域右脚跳，蓝色区域环双脚跳，不要触发机关，快点出发吧。通过了第一关，打开了密室大门，但是进入密室的通道只能趴下前进，通道（屋顶天梯 3 个拼接）又黑又长，大家鼓起勇气快速通过吧。

2. 稳定领域

通过通道后又被布满毒液的藤条(海绵棒)挡住去路,由于不能接触皮肤,所以只能用双脚将藤条运输出去,冒险王们平躺在地上,排成一条直线,用穿着鞋子的脚夹泡沫棒依次向后传递。藤条后面是只能站住一只脚区域,这时密室的机械士兵(老师扮演)发现了我们,我们需要一只脚站在指定区域,等士兵走了再继续前进。小心哦,士兵会手拿锤子(充气锤子)击打我们,坚持住不要被打倒。

3. 操作领域

经历了千难万险终于到达了密室深处,这里存放着很多古董(标志桶)但是京仍然有人想要破坏(推倒)这些文物;另一对人想要保护(扶起）文物，文物分别放在了四个角落，大家快行动起来吧。经过一番激烈的角逐，有一部分文物被破坏了但也有一部分文物被保护得很好。最终，珍贵的"龙珠"需要运送出去交给国家保护，小朋友们利用彩虹伞一起齐心协力将"龙珠"运送出去吧。

想一想：

小朋友直立站好，听到"面条熟了"的口令时自上而下抖动自己的身体，最后平躺于地面上。

注意事项：

在进行稳定领域游戏时，小朋友尽可能只用脚进行传递。

进行操作领域游戏时，场地开阔平整，注意手只可以推或扶小桶。

家园链接：

小朋友和爸爸妈妈双脚固定不动，爸爸妈妈拉住小朋友的一只手，小朋友尽可能地伸展另外一只手拾取远处物体。

案例14 "蜘蛛侠"的选拔

游戏目标：

提高幼儿手脚协调性。

增强幼儿身体稳定性。

锻炼幼儿上肢耐力。

游戏准备：

儿童单杠3个，梅花桩墩10个，跳绳10根，跨栏架10个，标志杆10个，接力棒10根，海绵棒10根，音响1个。

动一动：

在欢快的音乐声中，老师带领小朋友进行正压腿、侧压腿等练习，注意保持抬头、挺胸、立腰的姿势。

第五章　幼儿 MLS 循环体能游戏教学案例

学一学：

1. 移动领域

蜘蛛侠要为自己培养一批接班人成为新的蜘蛛侠，他们只有学会蜘蛛侠的本领才能成为真正的蜘蛛侠，要学习的本领第一项就是蜘蛛爬，需要仰卧手脚撑地，向前出发，看看谁才能成为真正的蜘蛛侠吧。真正的蜘蛛侠还拥有着灵敏的步伐，迅速跨过面前的跨栏架然后"S"形绕过标志杆，看看谁的速度最快最敏捷谁就有可能成为新的蜘蛛侠。

2. 稳定领域

真正的蜘蛛侠是会发射蜘蛛丝，蜘蛛丝会撑在单杠上长时间不掉下来，蜘蛛侠们看看谁坚持的时间长吧。真正的蜘蛛侠还有惊人的平衡力，他们来到了梅花桩的训练场地，只要坚持 5 秒钟就可以获得惊人的能力，都快来试一试吧。

3. 操作领域

真正的蜘蛛侠灵敏、速度缺一不可,快速跳绳 10 次后拿起接力棒交给下一个选拔者接力进行跳绳。最后,大家都成了新的蜘蛛侠。城市里有炸弹(小篮球),大家快用蛛丝(海绵棒)将炸弹运出城市吧!

第五章 幼儿 MLS 循环体能游戏教学案例

想一想：

在欢快的音乐声中老师带领小朋友模仿机器人边走边做动作,最后机器人没电倒下了。

注意事项：

在进行移动领域游戏时,可以采取猫爬动作,注意提醒幼儿膝盖抬起,减少身体起伏。

在进行稳定领域游戏时,提醒幼儿身体重量落在支撑腿上。

家园链接：

小朋友跟爸爸妈妈玩"提线木偶"的游戏,小朋友坐在地面上,在腿的两侧放置障碍,在爸爸妈妈的"提动"下移动腿跨越障碍。

案例 15 神奇汪汪队

游戏目标：

掌握儿童滑板车基本滑行技能。

掌握儿童滑板车刹车技术。

练习儿童滑板车快速掉头。

游戏准备：

儿童滑板车 10 个,赛道障碍 6 组(每组 10 个标志桶,10 根伸缩杆),乌龟壳 10 个,音响 1 个。

动一动：

在欢快的音乐声中,老师带领小朋友进行变速跑练习,进行全身关节的活动热身。

学一学：

1. 移动领域

这天,汪汪队接到了救援电话,救援的地方很远,汪汪队需要滑行(在儿童滑板车上双脚交替滑行)赶过去,曲折的道路上还有很多困难,汪汪队要加油了！首先第一个困难就是"S"弯的道路,请保持好速度,通过这一难关吧。

2. 稳定领域

通过了"S"弯,现在前方便是红绿灯,汪汪队需要看清红灯(红色标志桶),停住 5 秒钟,看到绿灯(绿色标志桶),便向前滑动,通过了红绿灯,发现路边的大树(伸缩杆)倒下来拦住去路,汪汪队碰到大树也要停住五秒钟才能前进,时间紧迫快行动起来吧!

3. 操作领域

经过大家的努力,终于到达了救援地点,原来要救的是一只乌龟(乌龟壳),它被卡在了石头(泡沫砖)下面,想要救乌龟需要将石头搬开,加油呀!救出乌龟后发现它受伤了,汪汪队需要将乌龟抬起(将乌龟壳放在并排的两根泡沫棒上,两人合作完成)送去医院(相距 2 米的终点),汪汪队完美地完成了任务,收工。

想一想:

老师说出口令,小朋友做出相反的动作,例如:蹲下—立正,举手—抬脚,向左走—向右走。

注意事项:

注意动作规范,老师总控课堂秩序,鼓励小朋友多多进行练习。

家园链接:

在家中跟爸爸妈妈进行骑车比赛。

案例 16 快乐"雪孩子"

游戏目标:

培养幼儿规则意识,能够主动遵守游戏规则,协作完成任务。

提高幼儿反应能力,能够快速改变运动状态;能够进行短距离的快速闪躲。

能在行进中控制物体移动,提高幼儿掷准能力。

游戏准备:

标志杆(带底座)2 套,平衡木 2 根,幼儿足球 10 个,折叠跳箱 1 个,大龙球 1 个,海洋球 20 个,音响 1 个。

动一动:

在欢快的声中,老师带领小朋友进行侧向跑、开合跳等热身活动。

学一学:

1. 移动领域

冬天到了,"雪孩子"和他的朋友们在冰面上快乐地玩耍,雪孩子和他的朋友分为两组进行滑冰比赛,每组前 5 米处放置一个标志杆,第一个雪孩子向前跑绕标志杆一圈后返回,再带领第二名雪孩子跑动,依次重复,看看谁能获得胜利吧。经过刚才的比赛,雪孩子需要补充能量,小朋友采用滑步的方式移动至终点标志杆处进行能量补充,随后以同样的方式返回。

2. 稳定领域

雪孩子和他的小伙伴发现前面有一颗炸弹(幼儿足球),他们只能原地跑动不能先前走了,此时老师帮助他们拆除炸弹,听到老师口令后雪孩子们先前跑出将炸弹踢飞。原来刚才的炸弹是坏人们放置的,要躲避坏人的攻击,小朋友手脚分别放在两根平衡木上,躲避下方滚过来到足球。

3. 操作领域

雪孩子成功地躲过了攻击,可是他的小伙伴(海洋球)还有危险,老师将大龙球从折叠跳箱上滚下,小朋友在被击中前尽可能多的拾取海洋球。最后雪孩子成功地救下了小伙伴,他们要对坏人进行反击了,小朋友们向老师投掷海洋球。

想一想:

在欢快的音乐声中,小朋友做各种造型的雪人,太阳出来了,小雪人开始融化了,最后融化成水,小朋友躺在地上。

注意事项:

在进行移动领域游戏时,第一名小朋友安排体能较好地小朋友,注意跑动过程中不要松手。

在进行操作领域游戏时,可以让小朋友自行放球、移球。

家园链接:

爸爸妈妈站在场地两端,小朋友站在场地中央,爸爸妈妈先后推球,小朋友注意躲避。小朋友碰到球后可以换爸爸妈妈到场地中继续游戏。

案例17 大战"红孩儿"

游戏目标:

增强幼儿连续跳跃能力,能够跳跃通过高低不同的物体。

提高幼儿身体灵敏性,锻炼核心力量。

提高幼儿的竞争意识,能够完成较高难度的挑战。

游戏准备:

渐进跳箱1组,单杠2个,风火轮5套,体操垫5个,足球6个,充气锤子2个,乌龟壳5个,音响1个。

动一动:

在欢快的音乐声中,小朋友在体操垫上进行前滚翻练习。

学一学：

1. 移动领域

红孩儿又跑出来捣乱了，大家快帮他的妈妈铁扇公主找找他吧。快跳上那座小山（跳箱），看看能不能找到他吧（跳箱按不同高度排列，可以采取各种形式的跳跃）。前面还有一片树林（随机摆放的标志杆），大家穿过这片树林看看你能不能找到他，注意不要碰到树苗哦。

2. 稳定领域

找到红孩儿了，但是他不肯回家，还把小朋友们放进了陀螺法宝里，陀螺法宝（乌龟壳）旋转起来了，小朋友们不要掉下去啦。红孩儿趁机飞走了，大家快快施展法术飞去追他吧（老师辅助小朋友做单杠支撑）。

3. 操作领域

红孩儿飞得太快了,哪吒将他的风火轮借给了我们,大家快操作风火轮前进,追上红孩儿吧。终于追上了红孩儿,他说只要我们能接住他发射的三颗火球(足球)就乖乖回家,大家快拿起大锤子(充气锤子),将红孩儿的火球打到一边去吧!

想一想:

在欢快的音乐声中,小朋友直立站好,听到"面条熟了"的口令时自上而下抖动自己的身体,最后平躺于地面上。

注意事项:

在进行稳定领域游戏时,多多鼓励幼儿大胆尝试,注意保护幼儿安全。

家园链接:

在爸爸妈妈的保护下尽情在小区的单杠上玩耍吧。

案例 18 小小体操手

游戏目标:

培养幼儿的冒险精神,能完成较高难度的挑战。

提高幼儿的核心力量,提升幼儿协作意识。

提高幼儿手眼协调性,调控自身情绪。

游戏准备:

体操垫 6 个,儿童跳马 2 个,彩带 20 条,跳跳带 20 个,音响 1 个。

动一动:

在欢快的音乐声中,老师带领小朋友做"捡树叶"游戏,老师将标志盘扔出,小朋友捡回。

学一学：

1. 移动领域

小朋友们今天都是小小体操手，要代表幼儿园去参加体操比赛，体操比赛的第一项"连续前滚翻"快在体操垫上展示我们的前滚翻吧，看看谁能从起点一直前滚翻到终点。第二项，小小体操手们要助跑一段距离，然后跳跃过前面的跨栏架落到柔软的体操垫上，看看谁是最有勇气的体操手。

2. 稳定领域

下面进行的是团队比赛，2名小体操手一组，一名小体操手手脚撑地，另一名小体操手从其腹部下方钻过，继续该动作，看看哪一组最快到终点吧。下面每一组的体操手都要助跑后手撑跳马并翻越过去，看看哪一组完成得最好最棒。

3. 操作领域

小体操手们还要进行体操彩带比赛,大家要跟着音乐,舞动彩带完成裁判(老师)口令的动作,如圆形、"S"形,看看谁能取得最后的胜利!小小体操手们都很厉害,都获得了优胜奖,老师奖励大家进行一个游戏,大家钻进跳跳袋,看看谁跳的最快最远。预备、开始!

想一想:

老师与小朋友手拉手围成圆圈,小朋友和老师一起唱:"一、二、三,跳;四、五、六,跳。小手举起、中间靠拢,小手放下、向外拉开。"伴随音乐重复进行。

注意事项：

在进行移动领域游戏时,体操垫固定,注意幼儿起跳位置和距离,鼓励幼儿大胆尝试。

稳定领域跳箱时需要老师进行辅助翻越,并注意保护。

家园链接：

爸爸妈妈手脚撑地,小朋友在爸爸妈妈身下,爸爸妈妈向前爬行,小朋友在身下滚动。

案例19 冒险"小朵拉"

游戏目标：

提高幼儿爬行能力,学会匍匐爬技巧。

锻炼幼儿反应能力,能够躲避快速运动物体。

掌握棒球中的挥棒技巧,能够击打固定位置的球。

游戏准备：

体操垫5个,正负极圆环1个,接力棒4根,海洋球30个,棒球组合1套,弹射球5套,手抛降落伞10个,音响1个。

动一动：

在欢快的音乐声中,老师带领小朋友们复习爬的动作,如猫爬、鳄鱼爬、蜘蛛爬等。

学一学：

1. 移动领域

"小朵拉"发现先了一片原始森林,于是决定和朋友们一起进入森林冒险。快速前进的时候遇到荆棘密林（体操垫摆放处）就要趴下快速爬行前进,爬过密林后就再次起身前进,遇到密林就再爬行通过,快快出发吧。原始森林中还有可怕的沼泽地,只能在沼泽地上石台（正负极圆环"S"形拼接）上通过,小心,不要掉到沼泽里了。

2. 稳定领域

现在"小朵拉"和他的朋友们来到一处岔路口前（接力棒规划 3 条道路），他们选择了不同的道路，可是在路上不小心触发了机关，有大石头（海洋球）向他们滚过来了，他们要进行躲避。他们成功躲过了大石头的攻击，可是迎接他们的是大水淹路，朵拉和他的小伙伴双手撑在树枝（多功能架）上，抬起双脚躲避洪水。

3. 操作领域

朵拉遇到了一种可以发射种子攻击的植物，快拿起棒球棒，击打植物发射出来的种子（弹射球）吧。朵拉和他的朋友们需要发送侦察机（手抛降落伞）来确定走出森林的路线，快点把侦察机高高的抛向空中吧。

想一想：

在欢快的音乐声中，老师带领小朋友一起"洗洗澡"（模仿洗澡动作揉搓拍打四肢，放松身体）。

注意事项：

注意动作要领，匍匐爬时注意手脚都要发力，挥棒时注意蹬地转髋。

家园链接：

小朋友和爸爸妈妈各持一个装满空气的塑料袋，一起将塑料袋向上仍，然后交换位置接住对方的塑料袋。

案例 20 灵活的"彼得兔"

游戏目标：

掌握滑步技术，能够向左、右方向连续移动。

具有良好的柔韧度，增强身体协调性。

调高幼儿手眼协调，掌握投篮技巧。

游戏准备：

训练环 10 个，彩虹桥 5 个，长绳 2 根，幼儿篮球 5 个，训练环 10 个，平衡木 2 根，反转杯 20 个，海绵棒 10 个，音响 1 个。

动一动：

在欢快的音乐声中，老师带领小朋友进行"吃水果"游戏热身。

学一学：

1. 移动领域

"彼得"要去距离家三米的农场里面拔胡萝卜，但是呢，道路是非常窄的桥，需要"彼得兔"横向移动到农场，首先需要将"菜篮子"（训练环）套在身上，现在出发去农场吧，拔了两个萝卜后，发现农场主回来了，赶快原路返回，回洞穴吧。"彼得"的洞穴被农场主发现了，农场主（老师扮演）要抓住"彼得"（在固定区域内），快点使用绝活"兔子跳"躲避他的抓捕吧。

2. 稳定领域

"彼得"马上就要被抓住了,唯一的出路就是面前的独木桥,快点通过独木桥(平衡木)吧,注意不要从桥上掉下来啦。农场主叫来了他的一个朋友手拿网子(长绳),要把"彼得"网起来(两名老师手拉长绳)彼得要根据绳子的高度选择跳跃或下蹲等方式进行躲避,不要被抓住啦。

3. 操作领域

"彼得"找到了另一个洞穴,这个洞穴有两个洞口,彼得需要用石头(小篮球)堵住其中一个洞口(将篮球投掷通过训练环)从另一个洞口逃跑。彼得最后自己开辟了一块田地,田地内有自己种的水果蔬菜(反转杯)但是可恶的乌鸦(老师)会来抢夺,被打到的乌鸦就要放下水果蔬菜返回家中后再出来,彼得快拿起武器(海绵棒)驱赶他们吧。

想一想：

在欢快的音乐声中，老师带领小朋友一起"洗洗澡"（模仿洗澡动作揉搓拍打四肢，放松身体）。

注意事项：

进行滑步练习时，可以先分别练习左滑步和右滑步，然后再将两个方向滑步进行结合练习。

进行投球练习时，注意距离间隔，保护幼儿安全。

家园链接：

爸爸妈妈采取坐姿，手拿两个小木棒，设置不同高度，小朋友根据高度选择恰当通过方式。

第六章 幼儿 MLS 课程的思考与展望

教学模式是指在一定的教育思想、教学理论和学习理论指导下的、在某种环境中展开的教学活动进程的稳定结构形式。[1]它体现某种教学思想或规律的体育教学活动的策略和方式[2],体现某种教学思想的教学程序。它包括相对稳定的教学过程结构和相应的教学方法体系,主要体现在教学单元和教学课的设计和实施上。[3]在幼儿体育教学模式研究领域,到目前为止还没有一项幼儿体育教学模式能够满足广大幼儿教师在幼儿健康教育领域的应用要求。在幼儿体育亟待发展的当下,各个幼儿体育课程与机构如雨后春笋般不断涌现,其中,与儿童"体适能"相关的活动与课程在国内幼儿教育界最为引人注目。马晓、周文龙博士也在此领域开展研究,并逐步建立了幼儿 MLS 循环体育教学模式(以下简称 MLS 教学模式)。本章将对此教学模式进行理论剖析和实践探讨,以期为 MLS 教学模式的研究提供资料,为幼儿体育教学模式的研究提供借鉴。

第一节 MLS 循环体育教学模式的形成与发展

对 MLS 教学模式的研究,最初是围绕 3—6 岁幼儿的基础运动能

---

[1] 何克抗.建构主义的教学模式、教学方法与教学设计[J].北京师范大学学报(社会科学版),1997(05):74-81.
[2] 杨楠.体育教学模式与主体教学浅论[J].北京体育师范学院学报,2000(01):1-11.
[3] 毛振明,吴键,马铮.体育教学模式论[J].体育科学,1998(06):5-8.

力的发展情况对"幼儿循环运动"理念进行初步探讨[①];而后又根据基础运动功能分类,结合循环训练法进行思考,并且在疫情防控大背景下针对亲子体育活动的内容进行研究[②]。与此同时,也形成了 MLS 循环体育教学模式的初级模型。在此期间,马晓博士还针对中韩幼儿身体形态、身体素质进行了对比分析[③],为 MLS 教学模式课程验证提供了理论基础。在后续的研究中,通过学前教育和体育领域专家及幼儿园园长、专任教师的共同探讨,确定了课程的教学内容和循环方式各 10 项教学内容和 1 种循环方式,并且通过实验比较的方法进行了验证,最终形成了相对成熟的教学模式。

一个教学模式的提出不是一蹴而就的,而是需要大量的实践进行修正与完善,这样才能达到从理论到实践、从研究到应用的研究目的。目前,MLS 教学模式要作为一个课程体系呈现还略显单薄,一方面需要对其理论外延进行丰富,同时也必须从应用推广角度,考虑广大幼儿教育工作者的实际需求。此外,一些幼儿教育领域相关专家给予的建议也需要解决,如课堂教学控制性较高、课堂时间受限等问题。

第二节 关于 MLS 循环体育教学模式的思考

一、MLS 循环体育教学模式的价值和意义

一个教学模式的诞生与推广,能解决实际问题是其根本。教育部颁发的《3—6 岁儿童学习与发展指南》(简称《指南》)是当前唯一的幼儿体育课程学习官方参考指南。但从现实情况看,其内容较为模糊空洞,缺乏一定的操作可行性,不能有效满足当下的幼儿体育现实要求。仅靠指南难以突破幼儿体育教育发展的实践瓶颈,因此需要在指南的指导

---

① 马晓,徐百超,周文龙.基于基础运动能力发展的"幼儿循环运动"理念初探[J].当代体育科技,2018,8(32):239-240.
② 马晓,周文龙,韩志超.疫情防控期幼儿居家亲子体育活动"MLS 循环运动"内容的构建思路[J].体育科技文献通报,2021,29(02):105-106+111.
③ 马晓,赵静芳,魏海燕,李光老.中、韩两国 5—6 岁幼儿身体形态、身体素质对比分析——以中国山东省聊城市幼儿和韩国京畿道利川市幼儿为例[J].青少年体育,2021(06):138-140.

下,构建相关教学理论和实践使其落地,达成培养效果。而 MLS 教学模式就在此情况下应运而生。它一方面通过教学内容的科学整合为幼儿教师提供了教学素材;另一方面通过简单易上手的体育教学模式使非体育专业的幼儿教师也能具备幼儿体育教学能力,有助于提高教师的 PE-PCK(体育教师的学科教学知识)。

二、MLS 循环体育教学模式的核心特征

MLS 循环体育教学模式,从教学内容层面来看,遵循了幼儿基本动作发展领域的客观规律;从教学手段来看,应用了运动训练学方法促进体能和技能的提高;从教学组织来看,能有利于幼儿体育教育工作者明晰教学组织框架和课堂教学流程。该教学模式中指出的基本动作技能(Fundamental Movement Skills, FMS)是指人体非自然发生的基础运动学习模式,是进行复杂身体活动和体育活动的基础,分为位移技能(如跑、单脚跳、双脚跳等)、物体控制技能(如投掷、踢球、拍球等)和稳定性技能(如平衡、旋转等)[1]。幼儿时期(3—6 岁)是学习基本动作技能的关键时期,在此时期幼儿基本动作技能的学习与提高可有效促进幼儿身体素质的发展。有研究表明,3—6 岁幼儿身体素质评分和动作技能评分两类指标存在中等程度的正相关。[2] 其协调性、稳定性的良好发展会对其动作技能的发展起到积极的促进作用。[3] 同时,幼儿基本动作技能的习得也将为后续专项运动技能的学习奠定基础,如幼儿正确的"投"的动作将有助于学习投篮、排球扣球、羽毛球、网球扣杀等专项技术动作。因此,幼儿在操作技能、移动技能、稳定技能三个领域的良好掌握情况,将为其在运动领域的发展提供了更多的可能。

循环训练法是按照既定顺序、路线,依次完成每站练习任务的训练方法。[4] 利用站点式的练习方法,不仅能提高幼儿的体育兴趣,还能培

---

[1] BARNETTLM, LAISK, VELDMANSLC, etal.Correlates of gross motor competence in children and adolescents: a systematic review and meta-analysis[J].Sports Medicine,2016,46(11):1663.
[2] 王欢,胡水清,李一辰,郑迎东.学前儿童动作技能与身体素质水平的典型相关分析[J].中国体育科技,2019,55(06):46-51.
[3] 张柳,李红娟,王欢,胡水清,王政淞.幼儿基本动作技能与身体素质的关联性[J].中国学校卫生,2020,41(04):554-557.
[4] 田麦久.运动训练学[M].北京:高等教育出版社,2006:195.

养良好的体育习惯与规则意识；使学生在轻松的环境中实现教学目的，完成教学目标。[1]尽管 MLS 教学模式的内容和方法已经基本确定，笔者认为还应该将内容细化和具体化，建立三大领域的教学游戏库，从而方便幼儿教师更加简单直观地从游戏库中提取并应用到日常教学中。

三、MLS 循环体育教学模式存在的优势与不足

目前，以 MLS 循环体育教学模式为基础构建的课程已经在山东、海南、河北等地二百多家幼儿园进行实践，其在为幼儿园提升幼儿体育教育水平的过程中，突显了自身拥有的巨大优势。

具体表现在：（1）帮助幼儿园教师在健康领域教学提供了理念和工具。MLS 教学模式作为目前一种较为新颖的幼儿体育教学模式，能够帮助幼儿教师确定健康领域的教学方式，为体育课程的教学理念、体系、方法、内容等方面提供重要的参考，能够有效改善幼儿园缺乏体育课程的问题。（2）为幼儿园营造了体育活动、体育教研的良好氛围。MLS 教学模式在帮助幼儿园形成体育教学体系的过程中，能够充分发挥指导作用，推动园本体育活动的开展、推进体育教研的工作，促进幼儿园形成良好的体育氛围，有利于打造形成体育特色幼儿园。（3）借助该教学模式形成了完整的幼儿体育师资培训。目前，幼儿体育教师数量不足、专业性弱[2]，需要培养大量的幼儿体育教师，但是学前教育专业学生体育教学知识与能力的培养方面存在很多问题，难以满足幼儿体育教学的实践需求。[3]在此情况下，MLS 循环体育教学模式能够将其体系融入人才培养方案中，提高学前教育专业学生、体育专业学生、在职幼儿教师等的幼儿体育教学实践能力，形成完整的幼儿体育师资培训体系。

但是，在 MLS 教学实践过程中，同样也存在着不足，主要有以下几点：（1）教师应用 MLS 教学模式需要一定的学习成本。尽管教师已经学习和掌握了 MLS 教学模式，但是在实践应用中遇到体育教学突发事件、场地器材限制、班级活动转换等实际问题。这可能需要教师在教学

---

[1] 王晓霞.循环训练方法在体育教学中的应用研究[J].南京体育学院学报(自然科学版),2010,9(03):109-111.
[2] 王凯珍,王晓云,齐晨晖.当前我国幼儿体育的热点现象、问题与建议[J].北京体育大学学报,2020,43(05):30-38.
[3] 梁红梅,韩永晨,李金龙.学前教育专业学生体育教学知识与能力现状及其培养研究[J].教育理论与实践,2015,35(19):44-47.

中不断尝试与总结,学会理论联系实际,在工作中不断发现问题和解决问题,这样才能成长为一名优秀的幼儿体育教师。(2)部分教师出现课程进度无法完成的情况。幼儿园课时一般在20—30分钟左右,在一个课时内需要完成涵盖三大领域的3个活动,对于非体育专业教师是一个挑战。通过教育观察发现,教师在课堂队列、队形组织方面花费较大时间,约占到20%-30%的时间。因此,幼儿教学中的队列、队形变化和口令将是下一步需要探讨的内容。将儿童的认知与行为发展融合在体育教学中,通过一些符合儿童身心特点的语言和动作实现有效组织课堂的效果是一项重要课题。(3)三大领域的体能游戏课程内容还需要逐步丰富。尽管MLS体育教学模式课程中已经给予了涵盖三个年级、三大领域的百余个体育游戏,但是由于场地器械资源、游戏难易程度、教师个人技能经验等原因,在学期后期选择数量仍然稍显不足。这需要在后期的研究工作中进一步扩充游戏数量,提高游戏质量,并鼓励教师自身进行自我课堂设计,乃至园本课程的开发。

第三节 幼儿MLS循环体育教学模式的展望

一、幼儿园将是MLS教学模式应用的主要场所

开展体育教学是改善幼儿体质健康、发展幼儿体育兴趣的主要手段,因此,MLS循环体育教学模式在幼儿园的推广可以提高幼儿教师的体育教学能力,加强师资水平的同时进一步提高幼儿健康领域的教育教学水平。幼儿园要想开展MLS体育教学课程,主要有以下几个步骤(见图6-1):

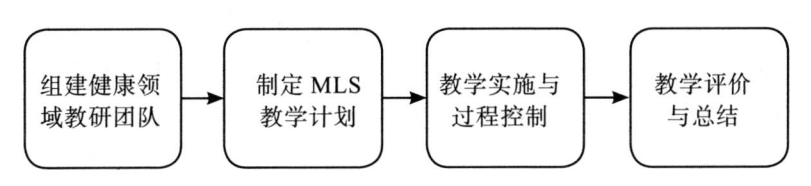

组建健康领域教研团队 → 制定MLS教学计划 → 教学实施与过程控制 → 教学评价与总结

图6-1 幼儿园开展MLS幼儿体育课程的思路

二、MLS 课程将进一步助力高校幼儿体育人才培养

师范类高校作为师资培养的关键窗口,能够输出大量的教师,面对幼儿体育教师的缺乏,要着力在幼儿师范类高职(专科)院校、普通高校师范类专业增设幼儿体育教育专业,开设相关理论和实践课程。[①] 其中,学前教育专业作为幼儿教师的主要输出专业,在人才培养的课程设置上多数高校对于体育教学的涉及不足,而在体育教育专业中并没有涉及幼儿体育教育方向,因此,在高校需要培养幼儿体育教师、开设幼儿体育课程时。MLS 循环体育教学模式可作为一门教学课程,供高校学习、参考、使用。

三、MLS 课程可为幼儿体育培训机构提供教学体系

随着社会的发展,社会、学校、家长对幼儿的健康越来越关注,我国幼儿体育呈现出了相关组织及机构大量涌现,论坛、教师培训举办频繁,各类体育赛事丰富多彩[②]。在激烈的市场竞争中,需要幼儿体育培训机构不断提高自身核心竞争力,对教学新理念、新模式和新内容具有一定的敏感度。相比于其他幼儿体育课程教学,MLS 循环体育教学模式课程能够给幼儿体育培训机构提供一整套丰富的教学内容、方法与模式和教学研讨,帮助幼儿体育培训机构站稳市场,保持市场竞争力。

四、MLS 相关体育教学理论将不断丰富

在课程内容上,MLS 体育教学内容还处于开发中,将进一步增加三大领域活动游戏项目;在教学安排上,要增加周、学期、学年教学计划安排,为幼儿园、教师、管理者等提供更加明晰的教学计划,以保证幼儿园体育课程的落实;在教学内容组合上,从三大领域活动中选择合适于单节课程教学的内容,将三个活动内容有机结合,形成多样的教学内容组

---

① 陶小,汪晓赞,范庆磊,杨燕国.新时代中国幼儿体育发展的现实问题与应对策略[J].体育科学,2021,41(09):24-34.
② 王凯珍,王晓云,齐晨晖.当前我国幼儿体育的热点现象、问题与建议[J].北京体育大学学报,2020,43(05):30-38.

第六章 幼儿 MLS 课程的思考与展望

合,为幼儿教师进一步提供完善的课程教学内容;在教学组织上,MLS教学模式应增加幼儿化的口令内容,并对教师队列队形的组织与口令进行专项培训,提高幼儿教师的教学组织能力,优化课程时间的合理化分布;在课程时间与强度负荷上,通过反复实践并结合科技仪器,进一步确定适宜幼儿活动的体育课程时间,合理安排体育运动负荷,科学有效地增强幼儿运动能力,提高教学质量。

附件1：国民体质测定标准手册（幼儿部分）

国民体质测定标准手册

（幼儿部分）

前言

体质是人类生产和生活的物质基础。党和政府历来十分重视并不断采取有效措施增强人民体质，其中一项重要举措就是建立并施行国民体质测定制度。

2000年国家体育总局会同10个有关部门对3—69岁的国民进行了首次全国性体质监测，获取了20世纪末我国国民体质状况资料。此后，国家体育总局组织专家利用这些翔实的数据，在《中国成年人体质测定标准》的基础上，制定了《国民体质测定标准》（以下简称《标准》）。

制定并施行《标准》是运用科学的方法对国民个体的形态、机能和身体素质等进行测试与评定，科学指导全民健身活动的开展，发挥体育对增强人民体质的积极作用的有效手段；是落实《中华人民共和国体育法》和《全民健身计划纲要》，构建面向大众的体育服务体系的一项重要工作；是在新的历史时期，贯彻党的体育方针，坚持体育为人民服务根本宗旨的具体体现。

为规范《标准》的施行，保证施行工作科学严谨、健康有序地开展，我们编写了《国民体质测定标准手册》，供有关人员使用。

希望各方共同努力，做好《标准》的施行工作，为实现全面建成小康社会的宏伟目标服务。

国家体育总局群体司
2003年4月

国民体质测定标准施行办法

第一条 为推动和规范《国民体质测定标准》(以下简称《标准》)的施行工作,指导国民科学健身,促进全民健身活动的开展,提高全民族的身体素质,根据《中华人民共和国体育法》和《全民健身计划纲要》等有关规定,制定本办法。

第二条 《标准》适用于3—69周岁国民个体的形态、机能和身体素质的测试与评定,按年龄分为幼儿、青少年、成年人和老年人四个部分,其中青少年标准为《学生体质健康标准》。

第三条 施行《标准》坚持科学、规范、安全、便民的原则。

第四条 提倡国民在经常参加体育锻炼的基础上,定期按照《标准》进行体质测定。健康状况不适合参加体质测定的可不进行体质测定。

第五条 国务院体育行政部门主管全国的《标准》施行工作。地方各级体育行政部门主管本行政区域内的《标准》施行工作。国务院教育行政部门负责在全国各级各类学校施行《学生体质健康标准》工作。国务院卫生、民政、劳动保障、农业、民族等部门和工会、共青团妇联等社会团体在各自的职责范围内负责施行《标准》工作。

第六条 各级体育行政部门应当将施行《标准》与开展国民体质监测结合进行;扶持建立体质测定站;培训体质测定人员;划拨用于施行《标准》的专项经费;收集并统计分析施行《标准》的信息资料。

第七条 各级国民体质监测中心应当将施行《标准》作为工作职责。体育教学、科研等单位应当做好施行《标准》的科研、培训和指导工作。

第八条 城市街道办事处应当将施行《标准》作为社区建设的内容,全国城市体育先进社区和有条件的社区应当建立体质测定站,发挥居民委员会等社区基层组织的作用,为居民提供体质测定服务。

第九条 县、乡镇应当将施行《标准》作为农村体育工作的重要内容,与农村医疗卫生工作结合,创造条件建立体质测定站,为农民提供体质测定服务。

第十条 机关、企业事业单位和社会团体应当有组织、有制度地开展体质测定工作。

第十一条 体质测定站应当具备以下基本条件:

(一)有培训合格的体质测定人员;

(二)有符合体质测试项目要求的器材和场地;

（三）有对伤害事故及时救护的条件；

（四）有测试数据处理及健身指导的设备和人员。

第十二条　开展体质测定应当严格按照《标准》规范操作，为受试者提供测定结果并给予科学健身指导；保存测定数据和资料；对受试者的测定结果保密。

第十三条　从事营利性体质测定服务的，应当向当地工商行政管理部门办理登记注册并接受其指导、监督和管理。

第十四条　对体质有特殊要求的部门和单位可将《标准》作为招生、招工、保险等体质考核的参考依据。

第十五条　各级体育、教育行政部门及有关部门应当对在《标准》施行工作中做出显著成绩的单位和个人予以表彰奖励。

第十六条　《标准》由国务院体育行政部门负责制定，其中青少年部分由国务院教育行政部门负责制定。

第十七条　有关部门和地方可参照《标准》制定适用于特定人群或地区的体质测定标准。

第十八条　本办法自 2000 年 7 月 4 日起施行

第一部分　适用对象的分组与测试指标

一、适用对象的分组

1. 分组和年龄范围

《国民体质测定标准》（幼儿部分）的适用对象为 3—6 周岁的中国幼儿。按年龄、性别分组，3—5 岁每 0.5 岁为一组；6 岁为一组。男女共计 14 个组别。

2. 年龄计算方法

（1）3—5 岁者

测试时已过当年生日，且超过 6 个月者：年龄＝测试年－出生年＋0.5；测试时已过当年生日，且不满 6 个月者：年龄＝测试年－出生年；测试时未过当年生日，且距生日 6 个月以下者：年龄＝测试年－出生年－0.5；测试时未过当年生日，且距生日 6 个月以上者：年龄＝测试年－出生年－1。

（2）6 岁者

测试时已过当年生日者：年龄＝测试年－出生年；测试时未过当年生日者：年龄＝测试年－出生年－1。

附件1：国民体质测定标准手册（幼儿部分）

二、测试指标

测试指标包括身体形态和素质两类（表1）

表1 测试指标

类别	测试指标
形态	身高体重
素质	10米折返跑、立定跳远、网球掷远、双脚连续跳、坐位体前屈、走平衡木

第二部分 评定方法与标准

采用单项评分和综合评级进行评定。

单项评分包括身高标准体重评分和其他单项指标评分采用5分制。

综合评级是根据受试者各单项得分之和确定，共分四个等级：一级（优秀）、二级（良好）、三级（合格）、四级（不合格）。任意一项指标无分者，不进行综合评级（表2）。

表2 综合评级标准

等级	得分
一级（优秀）	>31分
二级（良好）	28-31分
三级（合格）	20-27分
四级（不合格）	<20分

第三部分 测试方法和评分标准

受试者测试前应保持安静状态，不要从事剧烈体力活动，着运动服和运动鞋参加测试。

一、形态指标

1. 身高

反映人体骨骼纵向生长水平。

使用身高计测试，精度为0.1厘米。

测试时，受试者赤脚、呈立正姿势站在身高计的底板上（躯干挺直，上肢自然下垂，脚跟并拢，脚尖分开约60°），脚跟、骶骨部及两肩胛间与身高计的立柱接触，头部正直，两眼平视前方，耳屏上缘与眼眶下缘最低点呈水平（图1）。记录以厘米为单位，保留小数点后1位。

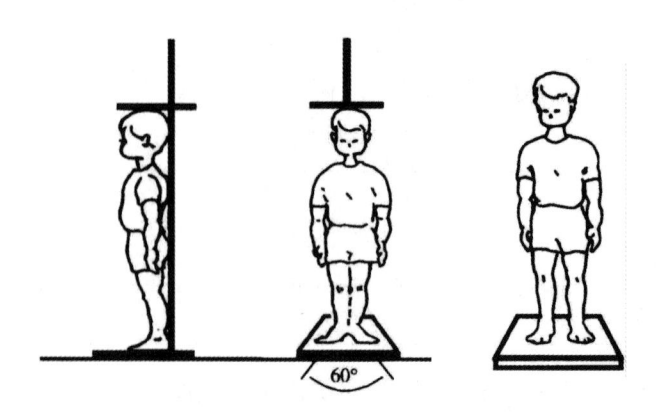

图1 身高测量　　图2 体重测量

2.体重

反映人体发育程度和营养状况。

使用体重秤测试,精度为0.1千克。

测试时,受试者自然站在体重秤中央,站稳后,读取数据(图2)。记录以千克为单位,保留小数点后一位。

注意事项：

测试时,受试者尽量减少着装；上、下体重秤时,动作要轻缓。

身高标准体重评分标准。

表3　3—6岁幼儿身高标准体重(男)

身高段 (厘米)	体重(千克)				
	1分	3分	5分	3分	1分
76.0—76.9	<8.6	8.6—9.3	9.4—11.7	11.8—12.4	>12.4
77.0—77.9	<8.7	8.7—9.5	9.6—11.8	11.9—12.5	>12.5
78.0—78.9	<8.9	8.9—9.7	9.8—11.9	12.0—12.6	>12.6
79.0—79.9	<9.1	9.1—9.8	9.9—12.1	12.2—12.8	>12.8
80.0—80.9	<9.2	9.2—10.0	10.1—12.3	12.4—12.9	>12.9
81.0—81.9	<9.4	9.4—10.1	10.2—12.5	12.6—13.1	>13.1
82.0—82.9	<9.6	9.6—10.2	10.3—12.7	12.8—13.3	>13.3
83.0—83.9	<9.8	9.8—10.4	10.5—12.9	13.0—13.5	>13.5
84.0—84.9	<10.0	10.0—10.5	10.6—13.1	13.2—13.8	>13.8
85.0—85.9	<10.1	10.1—10.7	10.8—13.3	13.4—14.0	>14.0

附件1：国民体质测定标准手册（幼儿部分）

续表

身高段（厘米）	体重（千克）				
	1分	3分	5分	3分	1分
86.0-86.9	<10.3	10.3-10.9	11.0-13.6	13.7-14.2	>14.2
87.0-87.9	<10.5	10.5-11.1	11.2-13.8	13.9-14.5	>14.5
88.0-88.9	<10.7	10.7-11.3	11.4-14.0	14.1-14.7	>14.7
89.0-89.9	<10.9	10.9-11.5	11.6-14.3	14.4-14.9	>14.9
90.0-90.9	<11.1	11.1-11.7	11.8-14.5	14.6-15.2	>15.2
91.0-91.9	<11.3	11.3-11.9	12.0-14.7	14.8-15.4	>15.4
92.0-92.9	<11.3	11.3-12.1	12.2-15.0	15.1-15.6	>15.6
93.0-93.9	<11.7	11.7-12.3	12.4-15.2	15.3-15.9	>15.9
94.0-94.9	<11.9	11.9-12.5	12.6-15.4	15.5-16.1	>16.1
95.0-95.9	<12.1	12.1-12.7	12.8-15.7	15.8-16.4	>16.4
96.0-96.9	<12.4	12.4-12.9	13.0-16.0	16.1-16.6	>16.6
97.0-97.9	<12.6	12.6-13.2	13.3-16.2	16.3-16.9	>16.9
98.0-98.9	<12.8	12.8-13.5	13.6-16.5	16.6-17.2	>17.2
99.0-99.9	<13.0	13.0-13.7	13.8-16.8	16.9-17.5	>17.5
100.0-100.9	<13.3	13.3-14.0	14.1-17.0	17.1-17.7	>17.7
101.0-101.9	<13.5	13.5-14.3	14.4-17.3	17.4-18.0	>18.0
102.0-102.9	<13.7	13.7-14.6	14.7-17.6	17.7-18.3	>18.3
103.0-103.9	<13.9	13.9-14.9	15.0-17.9	18.0-18.6	>18.6
104.0-104.9	<14.1	14.1-15.2	15.3-18.2	18.3-18.9	>18.9
105:0-105.9	<14.4	14.4-15.6	15.7-18.5	18.6-19.3	>19.3
106.0-106.9	<14.6	14.6-15.8	15.9-18.8	18.9-19.6	>19.6
107.0-107.9	<14.8	14.8-16.0	16.1-19.1	19.2-19.9	>19.9
108.0-108.9	<15.0	15.0-16.2	16.3-19.4	19.5-20.3	>20.3
109.0-109.9	<15.3	15.3-16.5	16.6-19.9	20.0-20.7	>20.7
110.0-110.9	<15.6	15.6-16.8	16.9-20.2	20.2-21.0	>21.0
111.0-111.9	<15.9	15.9-17.1	17.2-20.5	20.6-21.4	>21.4
112.0-112.9	<16.2	16.2-17.4	17.5-20.9	21.0-21.9	>21.9
113.0-113.9	<16.5	16.5-17.7	17.8-21.3	21.4-22.2	>22.2

续表

身高段（厘米）	体重（千克）				
	1分	3分	5分	3分	1分
114.0–114.9	<16.8	16.8–17.9	18.0–21.8	21.9–22.6	>22.6
115.0–115.9	<17.1	17.1–18.1	18.2–22.1	22.2–23.1	>23.1
116.0–116.9	<17.4	17.4–18.3	18.4–22.5	22.6–23.5	>23.5
117.0–117.9	<17.8	17.8–18.5	18.6–22.9	23.0–24.0	>24.0
118.0–118.9	<18.1	18.1–18.7	18.8–23.4	23.5–24.5	>24.5
119.0–119.9	<18.5	18.5–18.9	19.0–23.8	23.9–25.0	>25.0
120.0–120.9	<18.9	18.9–19.2	19.3–24.3	24.4–25.5	>25.5
121.0–121.9	<19.3	19.3–19.5	19.6–24.7	24.8–26.0	>26.0
122.0–122.9	<19.6	19.6–20.0	20.1–25.3	25.4–26.5	>26.5
123.0–123.9	<20.0	20.0–20.4	20.5–25.8	25.9–27.1	>27.1
124.0–124.9	<20.4	20.4–20.8	20.9–26.3	26.4–27.7	>27.7
125.0–125.9	<20.8	20.8–21.3	21.4–26.9	27.0–28.3	>28.3
126.0–126.9	<21.2	21.2–21.7	21.8–27.4	27.5–28.9	>28.9
127.0–127.9	<21.6	21.6–22.2	22.3–28.0	28.1–29.5	>29.5
120.0–120.9	<18.9	18.9–19.2	19.3–24.3	24.4–25.5	>25.5
121.0–121.9	<19.3	19.3–19.5	19.6–24.7	24.8–26.0	>26.0
122.0–122.9	<19.6	19.6–20.0	20.1–25.3	25.4–26.5	>26.5
123.0–123.9	<20.0	20.0–20.4	20.5–25.8	25.9–27.1	>27.1
124.0–124.9	<20.4	20.4–20.8	20.9–26.3	26.4–27.7	>27.7
125.0–125.9	<20.8	20.8–21.3	21.4–26.9	27.0–28.3	>28.3
126.0–126.9	<21.2	21.2–21.7	21.8–27.4	27.5–28.9	>28.9
127.0–127.9	<21.6	21.6–22.2	22.3–28.0	28.1–29.5	>29.5
128.0–128.9	<22.0	22.0–22.6	22.7–28.6	28.7–30.2	>30.2
129.0–129.9	<22.5	22.5–23.1	23.2–29.2	29.3–30.9	>30.9
130.0–130.9	<22.9	22.9–23.6	23.7–29.8	29.9–31.6	>31.6
131.0–131.9	<23.4	23.4–24.1	24.2–30.5	30.6–32.3	>32.3
132.0–132.9	<23.8	23.8–24.6	24.7–31.2	31.3–33.1	>33.1
133.0–133.9	<24.3	24.3–25.1	25.2–31.9	32.0–33.8	>33.8

附件1：国民体质测定标准手册（幼儿部分）

续表

身高段	体重（千克）				
（厘米）	1分	3分	5分	3分	1分
134.0-134.9	<24.8	24.8-25.7	25.8-32.7	32.8-34.6	>34.6
135.0-135.9	<25.3	25.3-26.2	26.3-33.4	33.5-35.5	>35.5
136.0-136.9	<25.8	25.8-26.8	26.9-34.2	34.3-36.3	>36.3
137.0-137.9	<26.3	26.3-27.4	27.5-35.0	35.1-36.9	>36.9
138.0-138.9	<26.8	26.8-28.0	28.1-35.8	35.9-37.5	>37.5
139.0-139.9	<27.4	27.4-28.6	28.7-36.6	36.7-38.2	>38.2
140.0-140.9	<27.9	27.9-29.2	29.3-37.5	37.6-38.9	>38.9
141.0-141.9	<28.4	28.4-29.9	30.0-38.5	38.6-39.7	>39.7
142.0-142.9	<29.0	29.0-30.6	30.7-39.6	39.7-40.6	>40.6
143.0-143.9	<29.7	29.7-31.3	31.4-40.6	40.7-41.6	>41.6
144.0-144.9	<30.4	30.4-31.9	32.0-41.7	41.8-42.6	>42.6
145.0-145.9	<31.0	31.0-32.5	32.6-42.7	42.8-43.7	>43.7

表4　3—6岁幼儿身高标准体重评分表（女）

身高段（厘米）	体重（千克）				
	1分	3分	5分	3分	1分
76.0-76.9	<8.9	8.9-9.0	9.1-11.6	11.7-12.9	>12.9
77.0-77.9	<9.0	9.0-9.1	9.2-11.8	11.9-13.1	>13.1
78.0-78.9	<9.1	9.1-9.3	9.4-12.0	12.1-13.2	>13.2
79.0-79.9	<9.3	9.3-9.5	9.6-12.2	12.3-13.3	>13.3
80.0-80.9	<9.5	9.5-9.7	9.8-12.4	12.5-13.5	>13.5
81.0-81.9	<9.7	9.7-10.0	10.1-12.6	12.7-13.7	>13.7
82.0-82.9	<9.9	9.9-10.2	10.3-12.8	12.9-13.9	>13.9
83.0-83.9	<10.1	10.1-10.4	10.5-13.1	13.2-14.1	>14.1
84.0-84.9	<10.3	103.-10.6	10.7-13.3	13.4-14.4	>14.4
85.0-85.9	<10.5	10.5-10.8	10.9-13.5	13.6-14.6	>14.6
86.0-86.9	<10.7	10.7-11.0	11.1-13.7	13.8-14.8	>14.8
87.0-87.9	<10.9	10.9-11.2	11.3-14.0	14.1-15.1	>16.1
88.0-88.9	<11.1	11.1-11.4	11.5-14.2	14.3-15.3	>15.3

续表

身高段(厘米)	体重(千克)				
	1分	3分	5分	3分	1分
89.0-89.9	<11.3	11.3-11.6	11.7-14.4	14.5-15.6	>15.6
90.0-90.9	<11.5	11.5-11.8	11.9-14.7	14.8-15.8	>15.8
91.0-91.9	<11.7	11.7-12.1	12.2-14.9	15.0-16.1	>16.1
92.0-92.9	<11.9	11.9-12.3	12.4-15.2	15.3-16.3	>16.3
93.0-93.9	<12.1	12.1-12.5	12.6-15.4	15.5-16.6	>16.6
94.0-94.9	<12.3	12.3-12.7	12.8-15.7	15.8-16.8	>16.8
95.0-95.9	<12.5	12.5-13.0	13.1-15.9	16.0-17.1	>17.1
96.0-96.9	<12.7	12.7-13.2	13.3-16.2	16.3-17.4	>17.4
97.0-97.9	<13.0	13.0-13.4	13.5-16.5	16.6-17.7	>17.7
98.0-98.9	<13.2	13.2-13.7	13.8-16.7	16.8-18.0	>18.0
99.0-99.9	<13.4	13.4-13.9	14.0-17.0	17.1-18.2	>18.2
100.0-100.9	<13.6	13.6-14.2	14.3-17.3	17.4-18.5	>18.5
101.0-101.9	<13.9	13.9-14.6	14.5-17.6	17.7-18.8	>18.8
102.0-102.9	<14.1	14.1-14.7	14.8-17.9	18.0-19.1	>19.1
103.0-103.9	<14.3	14.3-14.9	15.0-18.2	18.3-19.5	>19.5
104.0-104.9	<14.6	14.6-15.2	15.3-18.5	18.6-19.8	>19.8
105.0-105.9	<14.8	14.8-15.5	15.6-18.8	18.9-20.1	>20.1
106.0-106.9	<15.1	15.1-15.7	15.8-19.1	19.2-20.4	>20.4
107.0-107.9	<15.4	15.4-16.0	16.1-19.4	19.5-20.8	>20.8
108.0-108.9	<15.6	15.6-16.3	16.4-19.8	19.9-21.1	>21.1
109.0-109.9	<15.9	15.9-16.6	16.7-20.1	20.2-21.5	>21.5
110.0-110.9	<16.2	16.2-16.9	17.0-20.5	20.6-21.8	>21.8
111.0-111.9	<16.5	16.5-17.2	17.3-20.8	20.9-22.2	>22.2
112.0-112.9	<16.8	16.8-17.5	17.6-21.2	21.3-22.6	>22.6
113.0-113.9	<17.1	17.1-17.8	17.9-21.6	21.7-23.0	>23.0
114.0-114.9	<17.4	17.4-18.2	18.3-21.9	22.0-23.4	>23.4
115.0-115.9	<17.7	17.7-18.5	18.6-22.2	22.3-23.8	>23.8
116.0-116.9	<18.0	18.0-18.8	18.9-22.8	22.9-24.3	>24.3

续表

身高段(厘米)	体重(千克)				
	1分	3分	5分	3分	1分
117.0-117.9	<18.4	18.4-19.2	19.3-23.2	23.3-24.8	>24.8
118.0-118.9	<18.7	18.7-19.6	19.7-23.7	23.8-25.2	>25.2
119.0-119.9	<19.1	19.1-20.2	20.3-24.1	24.2-25.8	>25.8
120.0-120.9	<19.4	19.4-20.5	20.6-24.6	24.7-26.3	>26.3
121.0-121.9	<19.8	19.8-20.8	20.9-25.0	25.1-26.9	>26.9
122.0-122.9	<20.2	20.2-21.2	21.3-25.4	25.5-27.5	>27.5
123.0-123.9	<20.6	20.6-21.6	21.7-25.8	25.9-28.1	>28.1
124.0-124.9	<21.0	21.0-22.0	22.1-26.2	26.3-28.7	>28.7
125.0-125.9	<21.4	21.4-22.5	22.6-26.5	26.6-29.4	>29.4
126.0-126.9	<21.8	21.8-23.0	23.1-26.9	27.0-30.2	>30.2
127.0-127.9	<22.2	22.2-23.4	23.5-27.3	27.4-30.9	>30.9
128.0-128.9	<22.7	22.7-24.0	24.1-27.8	27.9-31.7	>31.7
129.0-129.9	<23.1	23.1-24.5	24.6-28.3	28.4-32.6	>32.6
130.0-130.9	<23.6	23.6-25.0	25.1-28.8	28.9-33.4	>33.4
131.0-131.9	<24.1	24.1-25.6	25.7-29.3	29.4-34.4	>34.4
132.0-132.9	<24.6	24.6-26.1	26.2-29.7	29.8-35.3	>35.3
133.0-133.9	<25.1	25.1-26.7	26.8-30.2	30.3-36.3	>36.3
134.0-134.9	<25.7	25.7-27.3	27.4-30.7	30.8-37.4	>37.4
135.0-135.9	<26.2	26.2-28.0	28.1-31.3	31.3-38.5	>38.5
136.0-136.9	<26.7	26.7-28.6	28.7-31.7	31.8-39.7	>39.7
137.0-137.9	<27.4	27.4-29.4	29.5-32.3	32.4-40.6	>40.6

二、素质指标

1.10米折返

反映人体的灵敏素质。使用秒表测试。在平坦的地面上画长10米、宽1.22米的直线跑道若干条,在每条跑道折返线处设一手触物体(如木箱),在跑道起终点线外3米处画一条目标线(图3)。

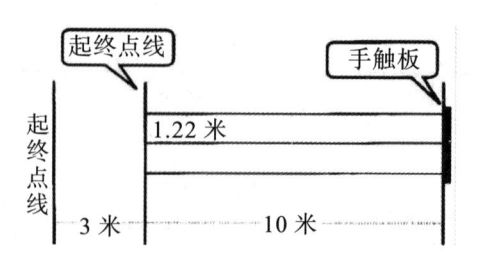

图3　10米往返跑场地

测试时，受试者至少两人一组，以站立式起跑姿势站在起跑线前，当听到"跑"的口令后，全力跑向折返线，测试员视受试者起动开表计时。受试者跑到折返处，用手触摸物体（图4）后，转身跑向目标线，当胸部到达起点线的垂直面时，测试员停表。记录以秒为单位，保留小数点后一位。小数点后第二位数按"非零进一"的原则进位，如10.11秒记录为10.2秒。

图4　10米往返跑测试

注意事项：受试者应全速跑，途中不得串道，接近终点时不要减速；在起终点处和目标线处不得站人，以免妨碍测试。

2. 立定跳远

反映人体的爆发力。

使用沙坑（距沙坑边缘20厘米处设立起跳线）或软地面、卷尺和三角板测试。测试时，受试者双脚自然分开，站立在起跳线后，然后摆动双臂，双脚蹬地尽力向前跳，测量起跳线距最近脚跟之间的直线距离（图5）。测试两次，取最大值，记录以厘米为单位，不计小数。

图 5　立定跳远测试

注意事项：受试者起跳时，不能有垫跳动作。

3. 网球掷远

反映人体上脚和腰腹肌肉力量。

使用网球和卷尺测试。在平坦地面上画一个长 20 米、宽 6 米的长方形，在长方形内，每隔 0.5 米画一条横线（图 6），以一侧端线为投掷线。

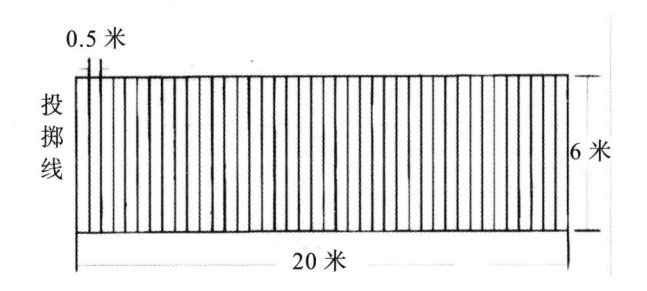

图 6　网球掷远测试场地

测试时，受试者身体面向投掷方向，两脚前后分开，站在投掷线后约一步距离，单手持球举过头顶，尽力向前掷出（图 7）。球出后时，后脚可以向前迈出一步，但不能踩在或越过投掷线，有效成绩为投掷线至球着地点之间的直线距离。如果球的着地点在横线上，则记录该线所标示的数值；如果球的着地点在两条横线之间，则记录靠近投掷线的横线所标示的数值；如果球的着地点超过 20 米长的测试场地，可用卷尺丈量；如果球的着地点超出场地的宽度，则重新投掷。测试两次，取最大值，记录以米为单位。

注意事项：测试进，严禁幼儿进入投掷区，避免出现伤害事故。

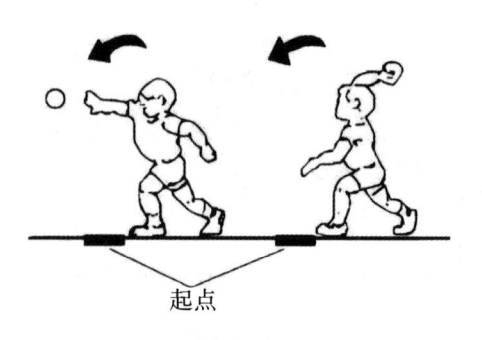

图 7　网球掷远测试

4. 双脚连续跳

反映人体协调性和下肢肌肉力量。使用卷尺和秒表测试。在平坦地面上每隔 0.5 米画一条横线，共画 10 条，每条横线上横置一块软方包（长 10 厘米，宽 5 厘米，高 5 厘米），在距离第一块软方包 20 厘米处设立起跑线（图 8）。

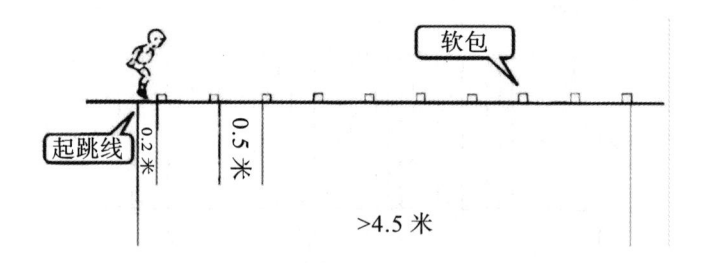

图 8　双脚连练跳测试场地

测试时，受试者两脚并拢，站在起跳线后，当听到"开始"口令后，双脚同时起跳，双脚一次或两次跳过一块软方包，连续跳过 10 块软方包。测试员视受试者起动开表计时，当受试者跳过第十个软方包双脚落地时，测试员停表（图 9）。测试两次，取最好成绩，记录以秒为单位，保留小数点后一位，小数点后第二位数按"非零进一"的原则进位，如 10.11 秒记录为 10.2 秒。

注意事项：测试时，如果受试者两次单脚起跳跨越软方包、踩在软方包上或将软方包踢乱则重新测试。

附件1：国民体质测定标准手册（幼儿部分）

图9 双脚连续跳测试

5.坐位体前屈

反映人体柔韧性。

使用坐位体前屈测试仪测试。

测试时,受试者坐在垫上,双脚伸直,脚跟并拢,脚尖自然分开,全脚掌蹬在测试仪平板上；然后掌心向下,双臂并拢平伸,上体前屈,用双手中指指尖推动游标平滑前移,直至不能移动为止(图10)。测试两次,取最大值,记录以厘米为单位,保留小数点后一位。

图10 坐位体前屈测试

注意事项：测试前,受试者应做准备活动,以防肌肉拉伤；测试时,膝关节不得弯曲,不得有突然前振的动作；记录时,正确填写正负号。

6.走平衡木

反映人体平衡能力。

使用平衡木(长3米,宽10厘米,高30厘米；平衡木的两端为起点线和终

点线,两端外各加一块长20厘米、宽20厘米、高30厘米的平台)(图11)和秒表测试。

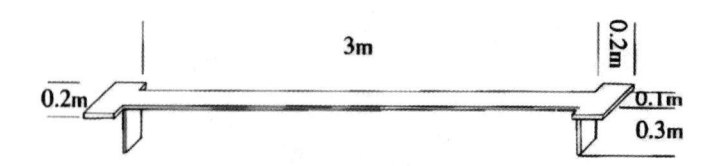

图 11 平衡木测试器材

测试时,受试者站在平台上,面向平衡木,双臂侧平举,当听到"开始"口令后,前进。测试员视受试者起动开表计时(图12),当受试者任意一个脚尖超过终点线时,测试员停表。测试两次,取最好成绩,记录以秒为单位,保留小数点后一位,小数点后第二位数按"非零进一"的原则进位,如10.11秒记录为10.2秒。注意事项:

图 12 走平衡木测试

测试时,受试者如中途落地须重试;要安排人员对受试者进行保护。

三、其他单项指标评分标准

表5 3岁幼儿其他单项指标评分表

测试指标	1分	2分	3分	4分	5分
	男				
身高(厘米)	<91.2	91.2–95.4	95.5–99.3	99.4–104.1	>104.1
10米折返跑(秒)	15.8–12.9	12.8–10.3	10.2–9.1	9.0–8.0	<8.0
立定跳远(厘米)	21–29	30–42	43–58	59–76	>76
网球掷远(米)	1.5	2.0–2.5	3.0–3.5	4.0–5.5	>5.5

附件1：国民体质测定标准手册（幼儿部分）

续表

测试指标	1分	2分	3分	4分	5分
男					
双脚连续跳（秒）	25.0-19.7	19.6-13.1	13.0-9.2	9.1-6.6	< 6.6
坐位体前屈（厘米）	2.9-4.8	4.9-8.5	8.6-11.6	11.7-14.9	> 14.9
走平衡木（秒）	48.5-30.1	30.0-16.9	16.8-10.6	10.5-6.6	< 6.6
女					
身高（厘米）	< 90.0	90.0-94.6	94.7-98.0	98.1-103.0	> 103.0
10米折返跑（秒）	16.8-13.5	13.4-10.6	10.5-9.4	9.3-8.2	< 8.2
立定跳远（厘米）	21-28	29-39	40-54	55-71	> 71
网球掷远（米）	1.0	1.5-2.0	2.5-3.0	3.5-5.0	> 5.0
双脚连续跳（秒）	25.9-20.1	20.0-13.5	13.4-9.8	9.7-7.1	< 7.1
坐位体前屈（厘米）	3.2-6.2	6.3-9.9	10.0-12.9	13.0-15.9	> 15.9
走平衡木（秒）	49.8-32.5	32.4-17.4	17.3-10.8	10.7-6.9	< 6.9

表6 3.5岁幼儿其他单项指标评分表

测试指标	1分	2分	3分	4分	5分
男					
身高（厘米）	< 94.1	94.1-98.2	98.3-102.0	102.1-106.9	> 106.9
10米折返跑（秒）	14.0-11.4	11.3-9.5	9.4-8.4	8.3-7.5	< 7.5
立定跳远（厘米）	27-34	35-52	53-69	70-84	> 84
网球掷远（米）	1.5	2.0-2.5	3.0-4.0	4.5-5.5	> 5.5
双脚连续跳（秒）	21.8-17.0	16.9-11.2	11.1-8.3	8.2-6.1	< 6.1

续表

测试指标	1分	2分	3分	4分	5分
男					
坐位体前屈（厘米）	2.7-4.6	4.7-8.4	8.5-11.5	11.6-14.9	>14.9
走平衡木（秒）	41.1-27.1	27.0-15.1	15.0-94	9.3-5.9	<5.9
女					
身高（厘米）	<93.0	93.0-97.5	97.6-101.1	101.2-105.5	>105.5
10米折返跑（秒）	14.9-12.1	12.0-9.8	9.7-8.7	8.6-7.7	<7.7
立定跳远（厘米）	25-33	34-49	50-64	65-81	>81
网球掷远（米）	1.5	2.0-2.5	3.0-3.5	4.0-5.0	>5.0
双脚连续跳（秒）	21.9-17.1	17.0-11.3	11.2-8.5	8.4-6.2	<6.2
坐位体前屈（厘米）	3.5-6.2	6.3-9.9	10.0-12.9	13.0-15.9	>15.9
走平衡木（秒）	40.4-27.5	27.4-15.1	15.0-9.7	9.6-6.1	<6.1

表7 4岁幼儿其他单项指标评分表

测试指标	1分	2分	3分	4分	5分
男					
身高（厘米）	<97.5	97.5-101.9	102.0-105.4	105.5-110.4	>110.4
10米折返跑（秒）	12.4-10.2	10.1-8.6	8.5-7.7	7.6-6.9	<6.9
立定跳远（厘米）	35-46	47-64	65-79	80-95	>95
网球掷远（米）	2.0-2.5	3.0-3.5	4.0-4.5	5.0-6.0	>6.0
双脚连续跳（秒）	17.0-13.2	13.1-9.2	9.1-7.1	7.0-5.6	<5.6
坐位体前屈（厘米）	2.4-4.4	4.5-8.4	8.5-11.4	11.5-14.9	>14.9

续表

走平衡木（秒）	33.2-21.6	21.5-11.6	11.5-7.4	7.3-4.9	< 4.9
	女					
身高（厘米）	< 96.6	96.6-100.9	101.0-104.4	104.5-108.9	> 108.9
10米折返跑（秒）	13.2-10.9	10.8-9.1	9.0-8.1	8.0-7.2	< 7.2
立定跳远（厘米）	32-43	44-59	60-73	74-89	> 89
网球掷远（米）	2.0	2.5-3.0	3.5-4.0	4.5-5.0	> 5.0
双脚连续跳（秒）	17.2-13.5	13.4-9.6	9.5-7.4	7.3-5.9	< 5.9
坐位体前屈（厘米）	3.4-5.9	6.0-9.9	10.0-12.9	13.0-15.9	> 15.9
走平衡木（秒）	32.2-22.6	22.5-12.3	12.2-8.2	8.1-5.3	< 5.3

表8　4.5岁幼儿其他单项指标评分表

测试指标	1分	2分	3分	4分	5分
	男				
身高（厘米）	< 100.0	100.0-104.6	104.7-108.4	108.5-113.1	> 113.1
10米折返跑（秒）	11.8-9.8	9.7-8.1	8.0-7.3	7.2-6.7	< 6.7
立定跳远（厘米）	40-54	55-72	73-88	89-102	> 102
网球掷远（米）	2.5	3.0-4.0	4.5-6.0	6.5-8.0	> 8.0
双脚连续跳（秒）	14.5-11.3	11.2-8.2	8.1-6.5	6.4-5.3	< 5.3
坐位体前屈（厘米）	1.8-4.1	4.2-7.9	8.0-10.9	11.0-14.4	> 14.4
走平衡木（秒）	28.4-17.9	17.8-9.7	9.6-6.3	6.2-4.3	< 4.3
	女				
身高（厘米）	< 99.0	99.0-103.6	103.7-107.3	107.4-111.9	> 111.9
10米折返跑（秒）	12.4-10.3	10.2-8.6	8.5-7.7	7.6-7.0	< 7.0
立定跳远（厘米）	40-49	50-67	68-80	81-96	> 96

续表

测试指标	1分	2分	3分	4分	5分
	男				
网球掷远(米)	2.0	2.5-3.0	3.5-4.0	4.5-5.5	>5.5
双脚连续跳（秒）	14.9-12.0	11.9-8.6	8.5-6.8	6.7-5.5	<5.5
坐位体前屈（厘米）	3.0-5.9	6.0-9.9	10.0-12.9	13.0-16.0	>16.0
走平衡木(秒)	26.5-18.7	18.6-10.2	10.1-7.0	6.9-4.7	<4.7

表9 5岁幼儿其他单项指标评分表

测试指标	1分	2分	3分	4分	5分
	男				
身高(厘米)	<103.1	103.1-107.8	107.9-111.9	112.0-116.9	>116.9
10米折返跑（秒）	10.3-9.0	8.9-7.7	7.6-7.0	6.9-6.4	<6.4
立定跳远（厘米）	50-64	65-79	80-95	96-110	>110
网球掷远(米)	3.0-3.5	4.0-5.0	5.5-7.0	7.5-9.0	>9.0
双脚连续跳（秒）	12.5-9.9	9.8-7.3	7.2-6.0	5.9-5.1	<5.1
坐位体前屈（厘米）	1.1-3.4	3.5-75	7.6-10.9	11.0-14,4	>14.4
走平衡木(秒)	22.2-14.1	14.0-7.9	7.8-5.3	5.2-3.7	<3.7
	女				
身高(厘米)	<102.0	102.0-106.5	106.6-110.4	110.5-115.4	>115.4
10米折返跑（秒）	11.2-9.7	9.6-8.1	8.0-7.3	7.2-6.7	<6.7
立定跳远（厘米）	50-59	60-74	75-88	89-102	>102
网球掷远(米)	2.5-3.0	3.5-4.0	4.5-5.5	6.0-8.5	>8.5
双脚连续跳（秒）	12.7-10.1	10.0-7.6	7.5-6.2	6.1-5.2	<5.2
坐位体前屈（厘米）	3.0-5.4	5.5-9.6	9.7-13.1	13.2-16.6	>16.6

附件1：国民体质测定标准手册（幼儿部分）

续表

测试指标	1分	2分	3分	4分	5分
	男				
走平衡木（秒）	23.7-14.1	14.0-8.3	8.2-5.8	5.7-4.1	<4.1

表10　5.5岁幼儿其他单项指标评分表

测试指标	1分	2分	3分	4分	5分
	男				
身高（厘米）	<104.6	104.6-110.1	110.2-114.6	114.7-119.7	>119.7
10米折返跑（秒）	10.0-8.6	8.5-7.4	7.3-6.8	6.7-6.2	<6.2
立定跳远（厘米）	56-69	70-89	90-102	103-119	>19
网球掷远（米）	3.0-3.5	4.0-5.5	6.0-75	8.0-10.0	>10.0
双脚连续跳（秒）	11.9-9.4	9.3-6.9	6.8-5.7	5.6-4.9	<4.9
坐位体前屈（厘米）	1.0-3.2	3.3-7.5	7.6-10.9	11.0-14.4	>14.4
走平衡木（秒）	19.2-12.1	12.0-6.8	6.7-4.6	4.5-3.3	<3.3
	女				
身高（厘米）	<104.5	104.5-109.2	109.3-113.4	113.5-118.4	>118.4
10米折返跑（秒）	10.5-9.1	9.0-7.7	7.6-7.0	6.9-6.4	<6.4
立定跳远（厘米）	54-65	66-81	82-95	96-109	>109
网球掷远（米）	3.0	3.5-4.5	5.0-6.0	6.5-8.5	>8.5
双脚连续跳（秒）	11.5-9.3	9.2-7.0	6.9-5.8	5.7-4.9	<4.9
坐位体前屈（厘米）	3.0-5.4	5.5-9.6	9.7-12.9	13.0-16.7	>16.7
走平衡木（秒）	20.1-12.6	12.5-75	7.4-5.1	5.0-3.6	<3.6

表11 6岁幼儿其他单项指标评分表

测试指标	1分	2分	3分	4分	5分
男					
身高（厘米）	＜108.2	108.2–113.2	113.3–117.7	117.8–123.0	＞123.0
10米折返跑（秒）	9.4–8.0	7.9–6.9	6.8–6.3	6.2–5.8	＜5.8
立定跳远（厘米）	61–78	79–94	95–110	111–127	＞127
网球掷远（米）	3.5–4.0	4.5–6.5	7.0–9.0	9.5–12.0	＞12.0
双脚连续跳（秒）	10.4–8.3	8.2–6.2	6.1–5.2	5.1–4.4	＜4.4
坐位体前屈（厘米）	1.0–3.1	3.2–7.0	7.1–10.4	10.5–14.4	＞14.4
走平衡木（秒）	16.0–9.4	9.3–5.4	5.3–3.8	3.7–2.7	＜2.7
女					
身高（厘米）	＜107.0	107.0–111.9	112.0–116.6	116.7–121.7	＞121.7
10米折返跑（秒）	10.2–8.6	8.5–7.3	7.2–6.6	6.5–6.1	＜6.1
立定跳远（厘米）	60–70	71–86	87–100	101–116	＞116
网球掷远（米）	3.0	3.5–4.5	5.0–6.0	6.5–8.0	＞8.0
双脚连续跳（秒）	10.5–8.4	8.3–6.3	6.2–5.3	5.2–4.6	＜4.6
坐位体前屈（厘米）	3.0–5.3	5.4–9.5	9.6–12.9	13.0–16.7	＞16.7
走平衡木（秒）	17.0–10.8	10.7–6.2	6.1–4.3	4.2–3.0	＜3.0

附件2：TGMD-3幼儿粗大动作发展测试

第一部分：个人信息

学童姓名（ID）：_____

性别：男□女□　　出生年月：_____　　年龄：_____

学童体重情况：低体重□正常体重□超重□　　学童居住地：城市□市郊□村镇□

优势手：右手□左手□未确定□　　　　优势脚：右脚□左脚□未确定□

测试员：_____　　测试单位：_____

测试日期：_____　　测试员Email：_____

第二部分：评分说明

1. 在所有测试项目中，测试员须为受试学童作详细地演示及说明，确保受试学童的测试动作标准规范；每组测试开始前受试学童需进行一次必要的练习（练习不计分），然后做两次正式测试。测试员对两次正式测试进行评分。

评分标准：

（1）1分：动作完成规范。

（2）0分：动作完成不规范。

（3）每个测试小项的最终分数为两次测试的总分。

（4）技能评分等于所有测试小项的总分。

（5）位移维度得分等于6个位移技能得分的总和。

（6）球技术维度得分等于7个球技术得分的总和。

2. 整个粗大运动发育测试得分等于位移维度得分与球技术维度得分之和。

3. 为保证评分结果的有效性,测试员须详细了解每个测试项的执行标准,避免测试偏差的 出现。在测试中,测试员如不能确定受试学童是否按照项目执行标准完成动作,测试员须要求受试学童按照执行标准重做该项目,以获得有效得分。

4. 测试残疾学童或注意力不集中的幼童时,测试员可让受试学童站在演示标记点上认真观 看测试员的动作演示。另外,使用开始标记点作为受试学童在接受位移测试时的开始位置,对测试的顺利进行是非常有帮助的。灵活运用点、线和多边形划定不同的测试功能区对测试的顺利进行会有很大帮助。

附件2：TGMD-3幼儿粗大动作发展测试

第三部分：测试评分表

位移维度（Locomotor Subtest）

技能（Skill）	器材（Material）	测试说明（Directions）	动作执行标准（Performance Criteris）	测试1	测试2	分数
1. 跑（Run）	60英尺（18.3米）跑道，场地净空，两个标志物	将两个标志物相距50英尺（15.2米）放置，确保在标志物外至少有8~10英尺（2.4-3.1米）的空间作为安全隔离区。受试学童从一个标志物跑到对侧标志物，重复测试。	1. 曲肘，肩臂运动方向与腿部相反 2. 跑动时，双脚有同时腾空时间 3. 足部落地点横间距窄，足跟或足尖着地（非扁平足） 4. 非支撑腿弯曲接近90°，足部靠近臀部			
			技能分数			
2. 跑马步（Gallop）	25英尺（7.6米）跑道，场地净空，两个标志物	将两个标志物相距25英尺（7.6米）放置，受试学童从起始标志物跑马步至终点标志物停止。重复测试。	1. 手臂弯曲向前摆动 2. 后脚落地时在前脚旁边或稍后面 3. 双脚存在短暂的腾空时间 4. 在测试距离内有节奏地连续完成四组跑马步			
			技能分数			

· 223 ·

续表

位移维度（Locomotor Subtest）

技能（Skill）	器材（Material）	测试说明（Directions）	动作执行标准（Performance Criteris）	测试1	测试2	分数
3. 单脚连续跳跃（Hop）	至少15英尺（4.6米）的净空场地，两个标志物	将两个标志物相距15英尺（4.6米），受试学童使用优势脚（测试前确定）连续跳跃四次到达终点。重复测试。	1. 非跳跃脚前摆以产生助力 2. 非跳跃脚始终保持在跳跃脚后面 3. 手臂曲肘前摆以产生助力 4. 在测试距离内使用优势脚连续完成四组单脚跳跃			
			技能分数			
4. 跨步（Skip）	至少30英尺（9.1米）的净空场地，两个标志物	将两个标志物相距30英尺（9.1米）放置，受试学童跨跳从一个标志物至另一标志物。重复测试。	1. 前迈一步，然后同脚前跳一步。换脚再重复动作。 2. 曲臂摆动（与腿运动方向相反）以产生助力 3. 有节奏地完成四次连续跨跳			
			技能分数			

· 224 ·

附件2：TGMD-3 幼儿粗大动作发展测试

续表

位移维度（Locomotor Subtest）

技能（Skill）	器材（Material）	测试说明（Directions）	动作执行标准（Performance Criteris）	测试1	测试2	分数
5. 立定跳远（Horizontal Jump）	至少10英尺（3.1米）长的净空场地，胶带	用胶带在地上标定起止线，受试学童站于起跳线后，双脚全力向终点线前跳。重复测试。	1. 起跳前双膝屈曲，手臂向身后舒展 2. 双臂全力向前向上摆动至头部以上 3. 双脚同时起跳和落地 4. 落地时双臂下摆			
			技能分数			
6. 滑步侧移（Slide）	至少25英尺（7.6米）的净空场地，划一条直线，两个标志物	将两标志物置于直线两端。受试学童从起始标志物滑步至终点标志物。受试学童首先选定向哪个方向滑步（首选侧），在返一次为一组。重复测试。	1. 侧身使肩与所划直线对齐（仅评判首选侧） 2. 两脚交替侧滑步，有双脚腾空时间（仅评判首选侧） 3. 在首选侧进行四次连续侧滑步 4. 在非首选侧进行四次连续侧滑步			
			技能分数			
			位移维度总得分（Locomotor Subtest Total Score）			

球技术（Ball Skill Subtest）

技能（Skill）	器材（Material）	测试说明（Directions）	动作执行标准（Performance Criteris）	测试 1	测试 2	分数
1. 双手击定位球（Two-hand strike of a stationary ball）	一个直径 4 英寸（10.2 厘米）的塑料球，一支塑料球棒，一个击球底座。	受试学童的击球点应在其腰部水平。告知受试学童向正前方用力击球。重复测试。	1. 握棒时优势手在非优势手上方 2. 非优势手侧的髋部/肩部朝前 3. 挥棒时肩/髋充分回旋产生助力 4. 非优势脚上步 5. 击球，使之向正前方飞出			
			技能分数			
2. 单手正手反弹球（One-hand forehand strike of self-bounced ball）	一个网球，一支塑料球拍，一面墙	将球和球拍交给受试学童，告知学童将球举高然后使之自然落地（球落地反弹至学童腰部高度），然后单手向前击球，使之落在墙上。重复测试。	1. 击球前有后摆引拍动作 2. 非优势脚向前上步 3. 将球向墙面方向击打 4. 击球后球拍前前送上引，挥拍动作落在非优势侧肩上			
			技能分数			

· 226 ·

附件2：TGMD-3幼儿粗大动作发展测试

续表

球技术（Ball Skill Subtest）

技能（Skill）	器材（Material）	测试说明（Directions）	动作执行标准（Performance Criteris）	测试1	测试2	分数
3. 单手原地运球（One-hand stationary dribble）	3-5岁组用8-10英寸（20.3-25.4厘米）游戏用球；6-10岁组用篮球；一块平整场地	受试学童单手原地连续运球，至少四次，最后停下来接住球。重复测试。	1. 单手运球至腰部高度			
			2. 用手指部分运球（非手掌拍球）			
			3. 连续运球四次，脚不移动，不停球			
			技能分数			
4. 双手接球（Two-hand catch）	直径4英寸10.2厘米，15英尺（4.6米）净空场地，胶带	标记两条相距15英尺的线。受试学童站于一线，抛球人站于另一线低手动作向学童胸区抛球，学童双手接球。重复测试。	1. 学童双手置于身前，曲肘准备接球			
			2. 学童双臂前伸接球			
			3. 只能用双手接球			
			技能分数			

续表

球技术（Ball Skill Subtest）

技能（Skill）	器材（Material）	测试说明（Directions）	动作执行标准（Performance Criteris）	测试1	测试2	分数
5. 踢定位球（Kick a stationary ball）	8~10英寸（20.3~25.4厘米）足球，胶带，一堵墙，净空场地	距墙面20英尺（6.1米）划停球线，距停球线8英尺（2.4米）划助跑线。将球置于停球线上。学童自助跑线起跑，全力将球踢向墙面。重复测试。	1. 触球前快速助跑			
			2. 学童在触球前应拉长步幅			
			3. 触球前非踢球脚靠近球			
			4. 用脚背或脚内侧踢球（不能用脚趾踢球）			
			技能分数			
6. 肩上投球（Overhand throw）	一个网球，胶带，一面墙，20英尺（6.1米）净空场地	距墙面20英尺（6.1米）用胶带站于标线后，用力将球投向墙壁，受试学童面向墙壁站于标线后，用力将球投向墙壁。重复测试。	1. 挥臂投球动作自手臂下挥动作开始			
			2. 旋髋转肩，使非投掷侧面向墙壁			
			3. 非投掷侧的脚向墙面方向上步			
			4. 抛球后掷球手下挥，向非投掷侧髋部收手			
			技能分数			

附件2：TGMD-3幼儿粗大动作发展测试

续表

球技术（Ball Skill Subtest）

技能（Skill）	器材（Material）	测试说明（Directions）	动作执行标准（Performance Criteris）	测试1	测试2	分数
7. 低手投球（Underhand throw）	一个网球，胶带，一面墙，15英尺（4.6米）净空场地	距墙面15英尺（4.6米）用胶带标线，受试学童站于标线后，用力将球低手投向墙壁。重复测试。	1. 优势手向下向后摆动至躯干后面			
			2. 非投掷侧的脚向前上步			
			3. 控制力度，球掷向墙壁不发生反弹			
			4. 投球后手臂上引至胸部以上			
			球技术维度总得分（Ball Skill Subtest Total Score）	技能分数		

运动测试总得分：

参考文献

[1] 卢晓中.当代世界高等教育理念及对中国的影响[M].上海：上海教育出版社,2001：13.

[2] 田麦久.运动训练学[M].北京：高等教育出版社,2006：195.

[3] 北京大学哲学系外国哲学史教研室.西方哲学原著选读(下卷)[M].北京：商务印书馆,1982：300.

[4] 辞海编委会.辞海(缩印本)[M].上海：上海辞书出版社,1979：1213.

[5] 袁金花.南京市幼儿体育教学的开展现状调查与分析[D].南京体育学院,2013.

[6] 王军朝.动作发展视角下3—6岁幼儿体育教学模式的研究[D].吉林体育学院,2017.

[7] 史银珍.四川省3—6岁幼儿体质现状[D].成都体育学院,2016.

[8] 陈艳.荆州市3—6岁幼儿体质现状及对比分析研究[D].长江大学,2021.

[9] 王晓姗.乌鲁木齐市3—6岁幼儿体质现状及影响因素分析[D].新疆师范大学,2021.

[10] 何泳力.2000—2014年青海省3—6岁幼儿身体形态动态分析[D].青海师范大学,2017.

[11] 龚梦兰.体育游戏对大班幼儿身体素质影响的研究[D].广州体育学院,2021.

[12] 刘小霞.体能训练对3—4岁幼儿身体素质的影响研究[D].福建师范大学,2019.

[13] 张柳.幼儿基础动作技能发展和身体素质关系探究[D].北京体育大学,2019.

[14] 韩文娜.中华民间儿童体育游戏的课程表达研究[D].东北师

范大学,2021.

[15] 向娜.趣味教学法在幼儿游泳教学中的应用研究[D].吉林体育学院,2021.

[16] 何思思.体育环境对4—6岁幼儿运动能力的影响研究[D].武汉体育学院,2021.

[17] 吴陶钧.家庭环境对幼儿身体素质影响的研究[D].曲阜师范大学,2020.

[18] 张何杰,姚蕾.体教融合背景下我国幼儿体育师资培养的现实困境和发展诉求[C]//第十二届全国体育科学大会论文摘要汇编——墙报交流(学校体育分会),2022:1469-1470.

[19] 任芳,赵星,屈莎.不同体育活动项目对于幼儿身体素质的影响[C]//第十二届全国体育科学大会论文摘要汇编——专题报告(学校体育分会),2022:891-893.

[20] 王樊.幼儿体育"家校社一体化"教学模式优化路径研究[C]//第十二届全国体育科学大会论文摘要汇编——专题报告(学校体育分会).2022:1263-1264.

[21] 马晓,周文龙,孔德志,陈翀.3—6岁幼儿MLS循环体育教学模式的构建研究[J].山东体育科技,2022,44(02):68-74.

[22] 周喆啸.不同动作水平视角下幼儿身体素质与BMI的特征研究[J].中国体育科技,2020,56(10):62-68.

[23] 李林,潘奇琳,刘林.身体运动功能干预对大班幼儿身体素质影响的实验研究[J].山西大同大学学报(自然科学版),2019,35(02):89-91.

[24] 韩冬."体育理念"之辨析[J].山东体育学院学报,2005(05):1-2+6.

[25] 郝晓岑,王婷.幼儿体育概念辨析[J].首都体育学院学报,2017,29(01):26-30.

[26] 庄弼,任绮,李孟宁,荆鹏飞.幼儿体育活动及其内容体系的思考[J].体育学刊,2015,22(06):64-70.

[27] 邵志燕.悦动足球——"快乐体育"理念下大班幼儿足球游戏活动的实践研究[J].新课程(综合版),2019(01):164-165.

[28] 周文龙,陈保鑫,栾欣玥.学前儿童体育教学中"快乐体育"理念的运用[J].产业与科技论坛,2021,20(21):182-183.

[29] 刘辉,陈凤丽.阳光体育理念下幼儿园民间游戏活动探析[J].成才,2020(08):58-60.

[30] 范云峰.动商理念下幼儿体育活动游戏化教学相关[J].才智,2020(16):158.

[31] 何克抗.建构主义的教学模式、教学方法与教学设计[J].北京师范大学学报(社会科学版),1997(05):74-81.

[32] 杨楠.体育教学模式与主体教学浅论[J].北京体育师范学院学报,2000(01):1-11.

[33] 毛振明,吴键,马铮.体育教学模式论[J].体育科学,1998(06):5-8.

[34] 周文龙.核心素养视域下促进幼儿动作发展规律研究[J].文体用品与科技,2019(17):188-189.

[35] 刘敦晓.动作发展视域下幼儿体育教学模式的审视与重构[J].体育科技,2018,39(06):107-108+111.

[36] 刘鹏.动作发展视角下3—6岁幼儿体育教学模式的研究[J].尚舞,2021(07):109-110.

[37] 马丽波,张雪梅,朱佩仪.对幼儿园体育教学模式的思考[J].才智,2017(28):175.

[38] 唐宇钧.基于幼儿体育教学模式的创新分析[J].科学咨询(教育科研),2020(04):60.

[39] 孙雯雯,马聪聪.浅谈在幼儿园中实施户外阳光体育教学模式的策略[J].天天爱科学(教育前沿),2022(02):31-32.

[40] 王光辉.信息化背景下的幼儿体育教学模式探究[J].冰雪体育创新研究,2020(06):61-62.

[41] 李玲.幼儿体育教学模式的创新研究[J].当代体育科技,2017,7(18):172+174.

[42] 陈金鼠.基于动商理念探究幼儿体育活动的游戏化教学模式[J].家长,2021(33):10-11.

[43] 李长步.关于幼儿的身体形态特征的研究[J].长江丛刊,2020(34):141+177.

[44] 马晓,赵静芳,魏海燕,李光老.中、韩两国5—6岁幼儿身体形态、身体素质对比分析——以中国山东省聊城市幼儿和韩国京畿道利川市幼儿为例[J].青少年体育,2021(06):138-140.

参考文献

[45] 赵星. 华东地区幼儿时期身体形态发育水平研究 [J]. 文体用品与科技, 2022（09）: 85-87.

[46] 张志新, 高枫, 彭丽娜, 鲁政道, 周旭雪. 廊坊市 3—6 岁幼儿体质健康状况研究 [J]. 廊坊师范学院学报（自然科学版）, 2019, 19（01）: 96-99.

[47] 吴晓霞. 长沙市城区 3—6 岁幼儿身体形态发育状况调查 [J]. 运动精品, 2018, 37（01）: 64-65.

[48] 周丽云, 杨阳. 福建省幼儿身体形态 15 年变化趋势分析——基于 2000 至 2014 年四次国民体质监测 [J]. 体育科学研究, 2017, 21（06）: 65-68+87.

[49] 张志新, 高枫, 彭丽娜, 鲁政道, 周旭雪. 廊坊市 3—6 岁幼儿体质健康状况研究 [J]. 廊坊师范学院学报（自然科学版）, 2019, 19（01）: 96-99.

[50] 刘永杰, 刘金富, 孙启成. 我国 3—6 岁幼儿身体素质动态变化特征研究 [J]. 浙江体育科学, 2019, 41（02）: 98-104.

[51] 张铭, 李森, 武东明. 我国城乡幼儿身体素质发展水平比较研究 [J]. 体育文化导刊, 2012（12）: 24-28.

[52] 王欢, 张彦峰, 王梅, 江崇民, 武东明. 2005—2015 年中国澳门地区幼儿身体素质的变化以及相关因素分析 [J]. 中国体育科技, 2018, 54（06）: 76-82.

[53] 周文龙. 海南省 3—6 岁幼儿体质健康现状分析 [J]. 当代体育科技, 2019, 9（30）: 15-16.

[54] 杨慧君, 黄茜, 李盛. 武汉市城镇 3—6 岁幼儿身体素质特征分析 [J]. 湖北体育科技, 2018, 37（06）: 502-504+547.

[55] 宁小春, 赖银娟, 彭迎春, 俞玲. 广西沿海地区 3—6 岁幼儿身体素质状况分析 [J]. 当代体育科技, 2020, 10（26）: 241-244.

[56] 罗莹, 马靓, 李红娟. 云南省汉族与少数民族幼儿体质现状及影响因素 [J]. 中国学校卫生, 2020, 41（07）: 1100-1102

[57] 王方, 刘红星. 第四次国民体质监测 3—6 岁幼儿体质状况动态变化趋势的分析研究——以山西省 3—6 岁幼儿为例 [J]. 体育科技, 2020, 41（04）: 74-76+78.

[58] 王晓飞, 曹新婴, 潘天帅, 陆大江. 学龄前儿童体重与身体素质的相关性研究 [J]. 中国儿童保健杂志, 2018, 26（01）: 74-77.

[59] 郝仕芳, 欧乾旺. 学前儿童体育教学的困境与路径研究[J]. 体育科技文献通报, 2022, 30（02）: 154-156+160.

[60] 刘芳梅. 广东省幼儿园体育师资现状、影响因素及发展对策[J]. 安徽体育科技, 2021, 42（03）: 80-84+99.

[61] 白翠瑾, 李哲, 张茱, 杨光, 久能和夫. 幼儿体育师资培养国际案例对中国的启示[J]. 沈阳体育学院学报, 2020, 39（05）: 32-39.

[62] 陶小娟, 汪晓赞, 范庆磊, 杨燕国. 新时代中国幼儿体育发展的现实问题与应对策略[J]. 体育科学, 2021, 41（09）: 24-34.

[63] 戴逢坚. 湛江城区幼儿体育主要教学特征分析[J]. 体育视野, 2021（05）: 10-12.

[64] 方艳. "三位一体"式幼儿体育课程的构建[J]. 当代体育科技, 2021, 11（36）: 238-241.

[65] 汪晓赞, 陶小娟, 仲佳镕, 杨燕国. KDL幼儿运动游戏课程的开发研究[J]. 北京体育大学学报, 2020, 43（05）: 39-49.

[66] 梁红梅, 韩永晨, 李金龙. 学前教育专业学生体育教学知识与能力现状及其培养研究[J]. 教育理论与实践, 2015, 35（19）: 44-47.

[67] 郝晓岑, 何俊, 管文璐. 我国幼儿体育环境的特征分析与构建路径研究[J]. 北京体育大学学报, 2021, 44（09）: 86-95.

[68] 李哲, 杨光, 张守伟, 梁思雨. 日本《幼儿期运动指南》对我国幼儿体育发展的启示[J]. 体育学刊, 2019, 26（01）: 114-119.

[69] 郭剑华. 自制体育器材在幼儿体育游戏创新中的应用[J]. 创新创业理论研究与实践, 2020, 3（16）: 37-38.

[70] 李明. 感觉统合器材在幼儿体育游戏中的设计研究[J]. 当代体育科技, 2019, 9（27）: 156-157.

[71] 冯文星. 软器材在幼儿体育教学中的应用[J]. 体育世界(学术版), 2019（04）: 187-188.

[72] 杨楠. 体育教学模式与主体教学浅论[J]. 北京体育师范学院学报, 2000（01）: 1-11.

[73] 毛振明, 吴键, 马铮. 体育教学模式论[J]. 体育科学, 1998（06）: 5-8.

[74] 马晓, 徐百超, 周文龙. 基于基础运动能力发展的"幼儿循环运动"理念初探[J]. 当代体育科技, 2018, 8（32）: 239-240.

[75] 马晓, 周文龙, 韩志超. 疫情防控期幼儿居家亲子体育活动

"MLS循环运动"内容的构建思路[J].体育科技文献通报,2021,29(02):105-106+111.

[76] 桂元保,喻强."十四五"时期我国幼儿体育教育高质量发展研究[J].体育文化导刊,2021(04):21-27.

[77] 王欢,胡水清,李一辰,郑迎东.学前儿童动作技能与身体素质水平的典型相关分析[J].中国体育科技,2019,55(06):46-51.

[78] 张柳,李红娟,王欢,胡水清,王政淞.幼儿基本动作技能与身体素质的关联性[J].中国学校卫生,2020,41(04):554-557.

[79] 王晓霞.循环训练方法在体育教学中的应用研究[J].南京体育学院学报(自然科学版),2010,9(03):109-111.

[80] 王凯珍,王晓云,齐晨晖.当前我国幼儿体育的热点现象、问题与建议[J].北京体育大学学报,2020,43(05):30-38.

[81] BARNETTLM, LAISK, VELDMANSLC, etal.Correlates of gross motor competence in children and adolescents: a systematic review and meta-analysis[J].Sports Medicine,2016,46(11):1663.